HERÄÄ,
ISRAEL

*"Aurinko muuttuu pimeydeksi
ja kuu vereksi,
ennenkuin Herran päivä tulee,
se suuri ja peljättävä.
Ja jokainen, joka huutaa avuksi Herran nimeä,
pelastuu.
Sillä Siionin vuorella ja Jerusalemissa
ovat pelastuneet,
niinkuin Herra on sanonut;
ja pakoonpäässeitten joukossa ovat ne,
jotka Herra kutsuu."*

(Jooel 2:31-32)

HERÄÄ,
ISRAEL

Dr. Jaerock Lee

URIM
BOOKS

HERÄÄ, ISRAEL por Dr. Jaerock Lee
Englanninkielinen alkuteos AWAKEN, ISRAEL by Dr. Jaerock Lee
Julkaisija Urim Books (Edustaja: Seongkeon Vin)
361-66, Shindaebang-dong , Dongjak-gu, Seoul, Korea
www.urimbooks.com

Copyright © 2013 by Dr. Jaerock Lee
ISBN: 978-89-7557-756-7
Suomenkielisen laitoksen Copyright © 2009 by Dr. Esther K Chung.
Käytetty luvalla.

Julkaistu aikaisemmin koreaksi 2007, Urim Books, Seoul, Korea

Ensimmäinen painos toukokuu 2013

Toimittanut: Geumsun Vin
Suunnittelu: Editorial Bureau of Urim Books
Painaja: Yewon Printing Company
Lisätietoja varten ota yhteyttä: urimbook@hotmail.com

ESIPUHE

Edellisen vuosisadan alussa sarja ihmeellisiä tapahtumia kävi toteen kuivassa Palestiinan maassa jossa kukaan ei tuolloin halunnut asua. Ympäri itäistä Eurooppaa, Venäjää ja muuta maailmaa levittäytyneet juutalaiset alkoivat matkustaa maahan joka oli täynnä ohdakkeita, köyhyyttä, nälkää, tauteja sekä piinaa. Korkeasta malarian ja nälän aiheuttamasta kuolleisuudesta huolimatta nämä juutalaiset eivät menettäneet lujaa uskoaan tai päämääräänsä vaan alkoivat rakentaa kibbutseja (israelilainen työntekopaikka, kuten esimerkiksi maatila tai tehdas jossa työntekijät elävät yhdessä ja jakavat kaiken vastuun sekä tulot.) Theodor Herzl, nykyaikaisen siionismin perustaja, sanoi: "Jos sinä tahdot sitä tarpeeksi, se ei ole unelma," ja niin Israelin uudelleensyntymästä tuli todellisuutta.

Israelin jälleenperustamista pidettiin mahdottomana unelmana eikä kukaan uskonut että se voisi todella käydä toteen. Juutalaiset kuitenkin saavuttivat unelmansa Israelin valtion synnyn kautta, saaden jälleen oman valtion noin 1,900 vuoden tauon jälkeen.

Huolimatta vuosisatoja jatkuneista vainoista ja piinasta joita juutalaiset olivat kokeneet asuessaan maissa jotka eivät kuuluneet heille he pitivät kiinni uskostaan, kulttuuristaan sekä kielestään ja he patansivat niitä jatkuvasti. Israelin modernin valtion synnyn jälkeen he viljelivät hedelmättömiä maita ja keskittyivät erilaisten teollisuudenalojen kehittämiseen jotka myöhemmin mahdollistivat Israelin liittymisen kehitysmaiden joukkoon. Juutalaiset ovat ihmeellinen kansa joka on kestänyt jatkuvia haasteita ja kukoistanut niiden aikana jopa silloin kuin itse maan selviytyminen on ollut vaakalaudalla.

Manminin keskuskirkon perustamisen jälkeen vuonna 1982 Jumala paljasti minulle Pyhän Hengen hurmion kautta useita Israeliin liittyviä asioita, sillä Israelin itsenäisyys on merkki lopunalkojen alkamisesta sekä Raamatun profetian täyttymisestä.

"Kuulkaa Herran sana, te kansat, ilmoittakaa kaukaisissa merensaarissa ja sanokaa: Hän, joka Israelin hajoitti, on sen kokoava ja varjeleva sitä niinkuin paimen laumaansa" (Jeremia 31:10).

Jumala on valinnut Israelin kansan paljastaakseen meille Hänen johdatuksensa, jonka kautta Hän on luonut ja kasvattanut ihmiskuntaa. Ensin Jumala teki Aabrahamista "uskon isän," ja sitten Hän teki Jaakobista, Aabrahamin lapsenlapsesta, Israelin perustajan. Tästä lähtien Jumala on julistanut tahtoaan Jaakobin jälkeläisille ja toteuttanut ihmiskunnan kasvatuksen suunnitelmaa.

Israelin maine ja kunnia oli kaikkia muita maita suurempi sen uskoessa Jumalaan ja kulkiessa kuuliaisena Hänen tahdolleen. Se kuitenkin kärsi erilaisista kärsimyksistä kun se etäännytti itsensä Jumalasta, ja näihin kärsimyksiin kuuluivat sekä vieraiden armeijoiden hyökkäykset että sen kansakunnan joutuminen elämään kiertolaisina kaikissa maailman kolkissa.

Jumala ei ole kuitenkaan koskaan hylännyt tai unohtanut Israelia edes silloin kun sen kohdannut suuria koettelemuksia syntiensä tähden. Israel on aina ollut sidottu Jumalaan Hänen ja Aabrahamin välisen liiton kautta, eikä Jumala ole koskaan lakannut tekemästä heidän kanssaan työtä.

Jumalan rakastavan huolenpidon ja ohjauksen alla Israel säilyi kansakuntana, saavutti itsenäisyyden ja tuli taas muiden valtioiden yllä loistavaksi valtioksi. Kuinka Israelin kansakunta saattoi säilyä ja miksi Israel perustettiin uudelleen? Monet sanovat: "Juutalaisvaltion säilyminen on ihme." Pelkästään Israelin historia itsessään todistaa Raamatun todenperäisyydestä, sillä juutalaisten diasporan aikana kokema vaino ja sorto ovat suurempia kuin mitä sanat voivat koskaan kuvata.

Silti, jopa juutalaisten kärsimää hätää ja vainoja kauheammat tapahtumat tulevat seuraamaan Jeesuksen Kristuksen toista tulemista. Jeesuksen Pelastajakseen hyväksyneet ihmiset tulevat tietenkin temmatuiksi ilmaan, jossa he ottavat osaa hääpitoihin Herran kanssa. Ne jotka eivät ole hyväksyneet Jeesusta Pelastajakseen eivät kuitenkaan tule temmatuiksi ilmaan Hänen paluunsa hetkellä, ja niin he joutuvat kärsimään seitsemän vuotta kestävästä suuresta ahdistuksesta.

"Sillä katso: se päivä on tuleva, joka palaa kuin pätsi. Ja kaikki julkeat ja kaikki, jotka tekevät sitä, mikä jumalatonta on, "ovat oljenkorsia;" ja heidät polttaa se päivä, joka tuleva on, sanoo Herra Sebaot, niin ettei se jätä heistä juurta eikä oksaa" (Malakia 4:1).

Jumala on jo paljastanut minulle yksityiskohtaisesti Suuren ahdistuksen aikana toteutuvat mullistukset. Tästä syystä minun vilpitän haluni on että Jumalan valitsema Israelin kansa ottaisi Pelastajakseen kaksi tuhatta vuotta sitten maan päällä kulkeneen Jeesuksen jottei yksikään heistä jäisi jälkeen kärsimään suuresta ahdistuksesta.

Manminin keskuskirkon 25. vuosipäivänä minä olen kirjoittanut ja omistanut teoksen, joka antaa vastauksen juutalaisten vuosituhansia vanhaan Messias-janoon sekä jatkuvasti kysyttyihin ikivanhoihin kysymyksiin.

Ottakoon jokainen tämän teoksen lukija varteen Jumalan epätoivoisesta rakkauden sanomasta ja tulkoot he viipymättä Messian luokse, jonka Jumala on koko kansakunnalle lähettänyt! Minä rakastan teitä kaikkia koko sydämelläni.

Marraskuu 2007
Getsemanen rukoushuoneessa
Jaerock Lee

ALKUSANAT

Kaikki kiitos ja kunnia tästä kirjasta kuuluu Jumalalle joka on ohjastanut ja siunannut meitä julkaisemaan tämän *Herää, Israel* – teoksen viimeisten päivien aikana. Tämä teos on julkaistu Israelin heräämistä ja pelastusta toivovan Jumalan tahdon mukaisesti, ja se on Jumalan, joka ei tahdo menettää yhtä ainoaa sielua, rajattoman rakkauden järjestämä. Luku 1, "Israel: Jumalan valittu," tutkii syitä siihen että Jumala on luonut ja kasvattanut ihmiskuntaa maan päällä, ja se puhuu Hänen johdatuksestaan jonka kautta Hän valitsi ja johti Israelin kansaa ihmiskunnan historian aikana Hänen valittuna kansanaan. Tämä luku puhuu myös Israelin suurista esi-isistä sekä Herrastamme, joka saapui tähän maailmaan aivan kuten profetia joka ennusti että koko ihmiskunnan pelastaja tulisi Daavidin suvusta sanoi.

Tutkimalla Raamatun Messiaasta kertovia profetioita luku 2

"Jumalan lähettämä Messias" todistaa kuinka Jeesus on Messias jonka saapumista Israel yhä malttamattomana odottaa sekä kuinka Hän täyttää kaikki ihmiskunnan Pelastajalta vaadittavat piirteet maan lunastuksen lain mukaan. Toinen luku tutkii lisäksi kuinka Jeesus on täyttänyt Vanhan testamentin Messiaasta puhuvat profetiat ja mikä on Israelin historian ja Jeesuksen kuoleman välinen suhde.

Kolmas luku, "Israelin uskoma Jumala" tarkastelee tarkemmin lakia ja traditioitaan tarkasti noudattavaa Israelin kansaa, ja tämä luku selittää heille mikä Jumalaa miellyttää. Tämän lisäksi tämä luku muistuttaa heitä siitä että he ovat etäännyttäneet itsensä Jumalan tahdosta heidän vanhempiensa traditioiden tähden, ja siten tämä luku kehottaa heitä ymmärtämään Jumalan todellisen tahdon jonka mukaan Hän alunperin antoi heille lain sekä täyttämään tämän lain rakkaudella.

Viimeinen luku, "Katso ja kuule!" tutkii nykyhetkeä jota Raamattu on kutsunut "lopunajaksi." Se myös puhuu antikristuksen lähitulevaisuudessa tapahtuvasta ilmestymisestä sekä käy lävitse seitsemänvuotisen suuren ahdistuksen. Lisäksi luku todistaa kahdesta Jumalan salaisuudesta jotka Hän on valmistanut rajattomassa rakkaudessaan jotta Hänen valittu kansansa Israel voisi pelastua ihmiskunnan kasvatuksen viimeisillä hetkillä. Viimeinen luku kehoittaa Israelin kansaa tarttumaan kiinni viimeiseen pelastuksen mahdollisuuteen.

Jumala salli Aatamin, ensimmäisen ihmisen, elää Israelin maassa sen jälkeen kun tämä teki syntiä niskoittelemalla ja ja hänet oli ajettu ulos Eedenin puutarhasta. Tästä lähtien Jumala on odottanut vuosituhansia ihmiskunnan kasvatuksen ajan ja Hän odottaa yhä tälläkin hetkellä saadakseen itselleen uskollisia lapsia.

Aikaa ei ole tuhlattavaksi eikä sitä riitä viivyttelyyn. Minä rukoilen Herran nimessä vilpittömästi että jokainen teistä ymmärtäisi että meidän aikamme ovat lopunaikoja ja valmistautuisi ottamaan kuninkaiden Kuninkaana ja herrojen Herrana palaavan Kristuksen.

Marraskuu 2007
Geum-sun Vin, päätoimittaja

Sisältö

Luku 3

Israelin uskoma Jumala

Luku 4

Katso ja kuule!

"Daavidin tähti" symboli juutalaisen yhteisön puolesta Israelin lippu

Luku 1

ISRAEL:
JUMALAN VALITTU

Ihmiskunnan kasvatuksen alku

Mooses, Israelin suuri johtaja joka vapautti kansansa Egyptin ikeestä ja johdatti heidät Kanaanin luvattuun maahan ja toimi Jumalan edustajana, aloitti Hänen sanansa Genesiksessä seuraavasti:

"Alussa loi Jumala taivaan ja maan" (1:1).

Jumala loi taivaat ja maan ja kaiken niissä olevan kuudessa päivässä, ja Hän lepäsi, siunasi ja pyhitti seitsemännen päivän. Miksi Jumala sitten loi maailmankaikkeuden ja kaiken mitä siitä löytyy? Miksi Hän loi ihmisen ja salli lukemattomien ihmisten asua maan päällä Aatamin päivistä lähtien?

Jumala etsi ihmisiä joiden kanssa Hän voisi jakaa rakkautensa ikuisesti

Ennen taivaiden ja maan luomista Jumala oli olemassa rajattomassa maailmankaikkeudessa kirkkautena ja äänenä. Pitkän yksinäisyyden jälkeen Jumala halusi seuraa jonka kanssa Hän voisi jakaa rakkautensa ikuisesti.

Jumala ei omannut ainoastaan Hänet Luojaksi tekevää

3

taivaallista luonnetta vaan Hänessä oli myös inhimillistä luonnetta jonka kautta Hän tunsi iloa, vihaa, surua sekä mielihyvää. Joten Hän tahtoi jakaa rakkauden tunteen muiden kanssa. Raamattu mainitsee Jumalan ihmisluonteen useaan otteeseen. Hän oli iloinen ja hyvillään Israelin kansan tekemien vanhurskaiden tekojen johdosta (5. Moos. 10:15; Sananlaskut 16:7) mutta murheellinen ja vihainen heille heidän tehdessään syntiä (Exodus 32:10; Sananlaskut. 11:1; 32:13).

Ajoittain jokainen meistä haluaa olla yksin, mutta me olemme iloisempia ja onnellisempia jos meillä on ystävä jonka kanssa jakaa sydämemme. Jumala omasi ihmismäisen luonteen, ja niin Hän halusi seuraa joiden kanssa Hän voisi jakaa rakkautta ja joiden sydämen Hän ymmärtäisi sekä päinvastoin.

'Eikö olisikin iloista ja liikuttavaa omata lapsia jotka voisivat ymmärtää minun sydäntäni ja joiden kanssa minä voisin jakaa rakkautta tässä laajassa maailmassa?'

Valitsemanaan ajankohtana Jumala suunnitteli kuinka saada uskollisia lapsia jotka olisivat Hänen kaltaisiaan. Saavuttaakseen tämän Jumala loi hengellisen maailman lisäksi myös fyysisen maailman jossa ihmiskunta tulisia asumaan.

Jotkut saattavat ihmetellä seuraavasti: 'Taivaassa on useita taivaallisia isäntiä ja enkeleitä jotka ovat täysin kuuliaisia. Miksi Jumala näki niin paljon vaivaa luodakseen ihmisen?' Muutamaa enkeliä lukuunottamatta useimmat taivaalliset olennot eivät omaa ihmisluonnetta joka on kuitenkin kaikista tärkein elementti rakkauden antamisessa ja sen saamisessa. Ilman vapaata tahtoa nämä olennot eivät voi tehdä omia päätöksiään. Nämä olennot ovat kuin robotteja; ne tottelevat kuuliaisesti käskyjä mutta ne eivät tunne iloa, vihaa, surua tai mielihyvää, ja siten ne ovat kykenemättömiä jakamaa sydämen pohjasta kumpuavaa rakkautta. Kuvittele, että on kaksi lasta, ja toinen heistä tekee aina niinkuin on käsketty ilmaisematta tunteitaan, mielipiteitään tai rakkauttaan. Toinen lapsista taas pitää rakkaudessaan kiinni vanhemmistaan ja vaikka hän aina silloin tällöin tuottaa heille pettymyksiä vapaan tahtonsa johdosta, on hän silti aina nopea katumaan vääriä tekojaan. Kumpaa näistä sinä suosisit? Sinä luultavasti valitsisit jälkimmäisen. Vaikka sinulla olisikin robotti joka tekee kaikki askareet sinun puolestasi sinä et kuitenkaan suosisi tätä robottia lastesi kustannuksella. Samalla tavalla Jumala suosii ihmistä joka noudattaa mielihyvin Hänen tahtoaan järjellään ja tunteillaan, ei robotinomaisia taivaallisia isäntiä tai enkeleitä.

Jumalan suunnitelma uskollisten lasten saamiseksi

Luotuaan Aatamin, ensimmäisen ihmisen, Jumala loi Eedenin puutarhan ja salli Aatamin hallita sitä. Eedenin puutarhassa oli kaikkea yltäkylläisesti ja Aatami ja Eeva hallitsivat kaikkea Jumalan heille antamalla valtuudella ja vapaalla tahdolla. Oli kuitenkin yksi asia jonka Jumala oli heiltä kieltänyt.

Ja Herra Jumala käski ihmistä sanoen: "Syö vapaasti

5

kaikista muista paratiisin puista, mutta hyvän-ja pahantiedon puusta älä syö, sillä sinä päivänä, jona sinä siitä syöt, pitää sinun kuolemalla kuoleman" (Genesis 2:16-17).

Tämä oli maailman luoneen Jumalan Hänen itsensä ja ihmiskunnan välille asettama systeemi. Hän tahtoi että Aatami noudattaisi Hänen tahtoaan vapaasta tahdostaan ja sydämensä pohjasta. Pitkän ajan kuluttua Aatami kuitenkin rikkoi Jumalan sanaa ja teki syntiä niskoittelemalla sitä vastaan ja syömällä hedelmän hyvän- ja pahantiedon puusta.

Genesiksen luku 3 kertoo kuinka Saatanan houkuttelema käärme kysyi Eevalta: *"Onko Jumala todella sanonut, että 'teidän ei tule syödä mistään puutarhan puusta'?"* (jae 1) Eeva vastasi tähän: *"Jumala on sanonut, 'Teidän ei tule syödä [puutarhan keskellä olevasta puusta] tai koskea siihen, tai muutoin te kuolette'"* (jae 2).

Jumala sanoin Eevalle selkeästi: "sinä päivänä, jona sinä siitä syöt, pitää sinun kuolemalla kuoleman," mutta hän muutti Jumalan käskyä ja sanoi: "sinä kuolet."

Ymmärrettyään että Eeva ei ollut ottanut Jumalan käskyä sydämeensä käärme alkoi houkutella häntä yhä agressiivisemmin. "Ette te kuole!", se sanoi Eevalle, *"Mutta Jumala tietää, että sinä päivänä kun te syötte siitä, teidän silmänne avautuvat, ja te olette kuin Jumala, tietäen hyvän ja pahan"* (jae 5).

Hyvän-ja pahantiedon puu alkoi näyttää erilaiselta Eevan silmissä sen jälkeen kun Saatana oli hengittänyt ahneutta naisen mieleen. Puu näytti kantavan hyvää ruokaa ja se oli ilahduttavan näköinen hänen silmissään. Lisäksi se houkutteli häntä sen tähden että se tekisi hänestä viisaan. Eeva söi sen hedelmää ja antoi sitä myös miehelleen joka puolestaan myös söi sitä.

Tällä tavoin Aatami ja Eeva tekivät syntiä niskoittelemalla Jumalan sanaa vastaan, ja niin heidän oli kuolemalla kuoltava (Genesis 2:17).

Tässä "kuolemalla" ei viitata lihalliseen kuolemaan jossa ihmiskehon hengitys lakkaa vaan hengelliseen kuolemaan. Syötyään hyvän- ja pahantiedon puusta Aatami sai useita lapsia ja kuoli 930 vuoden iässä (Genesis 5:2-5). Pelkästään tästä me tiedämme, että "kuolema" ei tässä viittaa fyysiseen kuolemaan.

Ihminen luotiin alunperin hengen, sielun ja kehon yhdistelmäksi. Aatami omasi hengen, jonka kautta hän pystyi kommunikoimaan Jumalan kanssa, sielun, joka oli hengen hallitsema, sekä kehon, joka toimi kilpenä sekä sielulle että hengelle. Koska Aatami kuitenkin hylkäsi Jumalan käskyn ja teki syntiä hänen henkensä kuoli, ja niin myös kommunikaatio Jumalan kanssa katkesi. Tämä on se "kuolema," josta Genesis 2:17 puhuu.

Aatamin ja Eevan tehtyä syntiä heidät ajettiin ulos kauniista ja yltäkylläisestä Eedenin puutarhasta. Täten alkoi ihmiskunnan piina. Synnyttämisen kivut moninkertaistuivat naiselle, joka nyt halusi miestään ja oli hänen käskynsä alainen, kun taas miehen täytyi syödä kirotusta maasta ja tehdä työtä päiviensä loppuun saakka (Genesis 3:16-17).

Genesis 3:23 sanoo tästä: *"Niin Herra Jumala ajoi hänet pois Eedenin paratiisista viljelemään maata, josta hän oli otettu."* Tässä "viljelemään maata" ei viittaa ainoastaan siihen, että ihminen joutuu tekemään työtä syödäkseen, vaan siihen, että hänen – maan tomusta valmistettuna – täytyi myös "viljellä sydäntään" maan päällä eläessään.

Ihmiskunnan kasvatus alkoi Aatamin tekemästä synnistä

Aatami luotiin eläväksi olennoksi eikä hänen sydämessään ollut lainkaan pahaa. Hänen ei siis tarvinnut jalostaa sydäntään. Aatamin kuitenkin tehtyä syntiä hänen sydämensä tahraantui epätotuudesta ja tämän johdosta hänen täytyi jalostaa sydämestään yhtä puhdas kuin mitä se oli ollut ennen syntiä.

Joten tehtyään syntiä Aatamin täytyi jalostaa epätotuuden ja syntien tahrimaa sydäntään voidakseen omata puhtaan sydämen ja voidakseen astua Jumalan eteen Hänen uskollisena lapsenaan. Kun Raamattu sanoo: "Herra Jumala ajoi hänet pois Eedenin paratiisista viljelemään maata, josta hän oli otettu," se tarkoittaa tätä, ja tähän viitataan Jumalan "ihmiskunnan kasvattamisena."

Tavallisesti "kasvattamisella" tarkoitetaan prosessia jonka

aikana maanviljelijä kylvää siemeniä, huolehtii sadostaan ja kerää sadon hedelmät. Voidakseen "kasvattaa" ihmiskuntaa tämän maan päällä ja voidakseen siten korjata hyvän sadon, joka tarkoittaa "Jumalan uskollisia lapsia," Jumalan täytyi ensin kylvää ensimmäiset siemenet, Aatamin ja Eevan.

Jumalaa vastaan niskuroineiden Aatamin ja Eevan kautta maailmaan on syntynyt lukemattomia lapsia, ja Jumalan ihmiskunnan kasvattamisen kautta lukemattomat ihmiset ovat syntyneet uudestaan Jumalan lapsiksi jalostamalla sydämiään ja löytämällä uudelleen Jumalan kadotetut kasvot.

Joten "Jumalan ihmiskunnan kasvatus" viittaa koko siihen prosessiin jonka kautta Jumala johtaa ja hallitsee ihmiskunnan historiaa aina sen luomisesta Tuomioon saakka, saadakseen täten itselleen uskollisia lapsia.

Kuten maanviljelijä, joka kylvää siemenet ja selviytyy tulvista, kuivuuksista, halloista, rakeista sekä tuholaisista ja korjaa sitten kauniin sadon, niin myös Jumala on hallinnut kaikkea saadakseen ilahduttavan sadon uskollisia lapsia heidän koettuaan kuolemaa, sairautta, eroja sekä muunlaisia kärsimyksiä tämän maailmallisen elämänsä aikana.

Syy miksi Jumala asetti hyvän- ja pahantiedon puun Eedenin puutarhaan

Jotkut ihmiset kysyvät: "Miksi Jumala asetti puutarhaan hyvän- ja pahantiedon puun jonka kautta ihminen sitten teki syntiä ja jonka kautta hänet johdettiin tuhoon?" Syy siihen

9

että Jumala asetti hyvän-ja pahantiedon puun löytyy Hänen ihmeellisestä johdatuksesta jonka kautta Hän antoi ihmisten ymmärtää 'suhteellisuuden' käsitteen.

Useimmat ihmiset olettavat että Aatami ja Eeva olivat vain iloisia elämään Eedenin puutarhassa sillä siellä ei ollut lainkaan kyyneleitä, surua, sairauksia, tai mitään muuta piinaa. Aatami ja Eeva eivät kuitenkaan olleet tietoisia todellisesta onnesta tai rakkaudesta sillä asuessaan Eedenin puutarhassa heillä ei ollut mitään tajua suhteellisuudesta.

Kuinka esimerkiksi kaksi eri lasta reagoisi saadessaan saman lahjan jos toinen heistä on syntynyt ja kasvanut varakkaassa perheessä ja toinen köyhässä perheessä? Jälkimmäinen lapsi olisi paljon kiitollisempi ja iloisempi sydämensä pohjasta verrattuna varakkaaseen perheeseen syntyneeseen lapseen.

Jos sinä ymmärrät jonkin asian todellisen arvon, sinä olet tietoinen ja olet myös kokenut sen täyden vastakohdan. Vasta sitten kun me olemme kärsineet sairaudesta me voimme todella arvostaa terveyden todellisen arvon. Vasta sitten kun me olemme tulleet tietoiseksi kuolemasta ja helvetistä me voimme arvostaa ikuista elämää ja kiittää rakkauden Jumalaa sydämemme pohjasta siitä että Hän on antanut meille ikuisen taivaan.

Eedenin yltäkylläisessä puutarhassa ensimmäinen ihminen Aatami nautti kaikesta Jumalan hänelle antamasta, jopa hänen vallastaan hallita kaikkia muita eläviä olentoja. Tämä ei kuitenkaan ollut hänen oman työnsä ja hikensä aikaansaannosta, ja niin Aatami ei pystynyt todella käsittämään kaiken arvoa tai arvostamaan kaikkea Jumalan hänelle antamaa. Vasta sen jälkeen kun Aatami ajettiin tähän maailmaan ja hän koki kyyneleitä, surua, sairauksia, piinaa, epäonnea ja kuolemaa pystyi hän todella ymmärtämään ilon ja surun eron sekä sen kuinka kallisarvoisen vapauden ja vaurauden Jumala oli hänelle Eedenin puutarhassa antanut.

Mitä hyötyä olisi ikuisesta elämästä jos me emme ymmärtäisi iloa tai surua? Vaikka me kohtaamme hetkittäisiä vaikeuksia me voimme silti sanoa myöhemmin: "Tämä on iloa!" Meidän elämämme on tämän johdosta yhä arvokkaampaa ja siunatumpaa.

Onko olemassa vanhempia jotka eivät lähetä lapsiaan kouluun vaan antavat heidän jäädä kotiin sillä he tietävät että opiskeleminen on vaikeaa? Jos vanhemmat todellakin rakastavat lapsiaan he lähettävät lapsensa kouluun, johdattavat heidät opiskelemaan vaikeita aineita tunnollisesti ja kokemaan erilaisia asioita jotta he voivat tämän kautta rakentaa itselleen paremman tulevaisuuden.

Maailmankaikkeuden luoneen ja ihmisiä kasvattaneen Jumalan sydän on täsmälleen samanlainen. Tästä syystä Jumala asetti hyvän- ja pahantiedon puun puutarhaan eikä estänyt Aatamia syömästä puusta vapaasta tahdostaan. Täten Hän salli heidän kokea iloa, vihaa, surua sekä mielihyvää ihmiskunnan kasvatuksen aikana. Tämä johtuu siitä että ihminen voi rakastaa ja palvoa Jumalaa, joka on itse rakkaus ja totuus, sydämensä pohjasta vasta sitten kun hänellä on kokemusta suhteellisuudesta ja hän on ymmärtänyt mitä on todellinen rakkaus, ilo ja kiitollisuus.

Ihmisten kasvatuksen prosessin kautta Jumala tahtoi saada uskollisia lapsia jotka ovat oppineet tuntemaan Hänen sydämensä ja jotka ovat sen kaltaisia, ja tämän kautta Hän voi elää näiden lasten kanssa taivaassa jakaen heidän kauttaan todellista ja ikuista rakkautta ainiaasti.

Ihmiskunnan kasvatus alkoi Israelissa

Ensimmäinen ihminen Aatami ei saanut oikeutta valita maata johon asettua hänen tultua ajetuksi ulos Eedenin puutarhasta niskoittelun vuoksi vaan sen sijaan Jumala valitsi hänelle maa-alueen. Tämä maa-alue oli Israel.

Tämä oli osa Jumalan tahtoa ja suunnitelmaa. Haudottuaan ihmiskunnan kasvatuksen suunnitelmaa Jumala valitsi Israelin kansan ihmiskunnan kasvatuksen ja jalostuksen mallikansaksi. Tästä syystä Jumala salli Aatamin aloittaa uuden elämän paikassa johon Israelin valtio perustettaisiin myöhemmin.

Aikojen kuluessa Aatamin jälkeläiset muodostivat lukemattomia kansakuntia ja Jaakobin, Aabrahamin jälkeläisen, aikoihin mennessä Israelin valtio oli jo perustettu. Jumala halusi paljastaa Hänen kirkkautensa ja Hänen ihmiskunnan jalostuksen suunnitelmansa Israelin historian kautta. Tämä ei ollut ainoastaan israelilaisia vaan myös kaikkia muita maailman asukkaita varten. Joten Israelin historia jota Jumala itse on ohjannut ei ole ainoastaan yhden kansakunna historia, vaan se on sanoma koko ihmiskunnalle.

Miksi Jumala sitten valitsi Israelin ihmiskunnan kasvatuksen mallimaaksi? Tämä johtui heidän ihanteellisesta luonteestaan, tai toisin sanoen heidän erinomaisesta sisäisestä olemuksestaan. Israel polveutuu 'uskon isästä' Aabrahamista, johon Jumala oli hyvin mieltynyt sekä myös Jaakobista, joka oli niin päättäväinen että hän jopa kamppaili Jumalan kanssa ja voitti. Tästä syystä Israelin kansa ei menettänyt identiteettiään siitä huolimatta että he menettivät kotimaansa ja elivät kiertolaisina vuosisatojen ajan.

Ennen kaikkea Israelin kansa on säilyttänyt tuhansien vuosien ajan Jumalan ihmisten profetoiman Jumalan sanan ja elänyt sen mukaisesti. On tietenkin ollut aikoja jolloin koko kansakunta on etäännyttänyt itsensä Jumalan sanasta ja tehnyt Häntä vastaan syntiä, mutta lopulta sen ihmiset ovat katuneet ja palanneet Jumalan luokse. He eivät ole koskaan menettäneet uskoaan Herraan Jumalaan.

Israelin itsenäisyyden palautuminen viime vuosisadan aikana näyttää selvästi minkälaisen sydämen Jaakobin jälkeläiset omaavat.

Hesekiel 38:8 sanoo: *"Pitkien aikojen perästä sinä saat määräyksen, vuotten lopulla sinun on karattava maahan, joka on tointunut miekan jäljiltä, koottu monien kansain seasta, – mentävä Israelin vuorille, jotka kauan aikaa olivat olleet rauniomaana; se on tuotu pois kansojen seasta, ja he asuvat turvallisina kaikki tyynni.*" Tässä "vuotten lopulla" viittaa aikojen loppuun, jolloin ihmisten kasvatus lähenee loppuaan ja "Israelin vuoret" merkitsevät Jerusalemia, joka sijaitsee melkein 760 m (2,494 jalkaa) merenpinnan yläpuolella.

Tämän tähden kun profeetta Hesekiel sanoo, että "koottu monien kansain seasta, – mentävä Israelin vuorille," se tarkoittaa että israelilaiset kokoontuvat ympäri maailmaa ja palauttavat Israelin valtion eloon. Jumalan sanan mukaisesti roomalaisten vuonna 70 jKr tuhoama Israel julistautui itsenäiseksi toukokuun 14. päivänä, 1948. Maa oli ollut kauan aikaa "rauniomaana" mutta israelilaiset rakensivat vahvan valtion jota kukaan ei voi nykyään ylenkatsoa tai haastaa.

Syy siihen että Jumala valitsi Israelin kansan

Miksi Jumala aloitti ihmiskunnan kasvatuksen Israelin maassa? Miksi Jumala valitsi Israelin kansan ja miksi Hän päätti ohjata Israelin historiaa?

Ensinnäkin, Jumala tahtoi julistaa kaikille kansoille Israelin historian kautta että Hän on taivaan ja maan Luoja ja että Hän on ainoa oikea Jumala ja että Hän on elossa. Israelin historian tutkimisen kautta jopa ei-juutalaiset voivat helposti tuntea Jumalan läsnäolon ja ymmärtää Hänen suunnitelmansa johtaa ihmiskunnan historiaa.

Ja kaikki kansat maan päällä näkevät, että Herra on ottanut sinut nimiinsä; ja he pelkäävät sinua (5. Moos. 28:10).

Autuas olet sinä, Israel; kuka on sinun vertaisesi! Sinä olet kansa, jota Herra auttaa, hän, joka on sinun kilpesi ja suojasi, sinun miekkasi ja korkeutesi. Vihollisesi mielistelevät sinua, ja sinä astut heidän kukkuloillansa (5. Moos. 33:29).

Jumalan valitsema Israel on saanut nauttia suurista etuoikeuksista ja tämä on helposti todettavissa Israelin historiasta.

Kun Raahab esimerkiksi otti vastaan kaksi Joosuan Kanaanin maata vakoilemaan lähettämää miestä hän sanoi: *"Sillä me olemme kuulleet, kuinka Herra kuivasi Kaislameren vedet teidän tieltänne, kun lähditte Egyptistä, ja mitä te teitte niille kahdelle amorilaisten kuninkaalle tuolla puolella Jordanin, Siihonille ja Oogille, jotka te vihitte tuhon omiksi. Kun me sen kuulimme, raukesi meidän sydämemme, eikä kenessäkään ole enää rohkeutta asettua teitä vastaan; sillä Herra, teidän Jumalanne, on Jumala ylhäällä taivaassa ja alhaalla maan päällä"* (Joosua 2:10-11).

Israelilaisten ollessa Babyloniassa vankeudessa Daniel kulki Jumalan kanssa ja Babylonian kuningas Nebukandnezzar sai kokea Jumalan, jonka kanssa Daniel kulki. Tämän jälkeen kuningas saattoi sanoa vain *"ylistän ja kunnioitan taivaan kuningasta; sillä kaikki hänen työnsä ovat totiset ja hänen tiensä oikeat. Ja hän voi nöyryyttää ne, jotka ylpeydessä vaeltavat"* (Daniel 4:37). Sama asia tapahtui Israelin ollessa Persian ikeen alla. Kun kansa näki kuinka elävä Jumala teki työtään ja vastasi kunigatar Esterin rukouksiin *"paljon oli maan kansoista niitä, jotka kääntyivät juutalaisiksi, sillä kauhu juutalaisia kohtaan oli vallannut heidät"* (Ester 8:17).

Joten jopa ei-juutalaiset alkoivat pelätä ja palvoa Jumalaa kokiessaan elävän Jumalan joka työskenteli israelilaisten puolesta. Jopa menneinä, tätä seuraavina päivinä, me olemme tietoisia Jumalan majesteettisuudesta ja palvomme Häntä näiden tapahtumien tähden.

Toisekseen, Jumala valitsi Israelin ja ohjasi sen ihmisiä koska Hän tahtoi koko ihmiskunnan ymmärtävän Israelin historian kautta syyn siihen, että Hän oli luonut ihmisen ja oli nyt kasvattamassa heitä.

Jumala kasvattaa ihmiskuntaa saadakseen uskollisia lapsia. Jumalan uskollinen lapsi on Jumalan kaltainen, joka on itse hyvyyden ja rakkauden olemus sekä itse vanhurskaus ja pyhyys. Tämänkaltaiset Jumalan lapset rakastavat Häntä ja elävät Hänen tahtonsa mukaan.

Israelin eläessä Jumalan sanan mukaisesti ja palvellessa Häntä Hän asetti heidät muiden kansojen ja maiden yläpuolelle. Kun

Israelin kansa taas palvoi epäjumalia ja hylkäsi Jumalan käskyt he taas joutuivat kärsimään kaikenlaisia piinoja ja kauheuksia kuten esimerkiksi sotia, luonnonkatastrofeja sekä orjuutta.

Jokaisen prosessin askeleen kohdalla Israelin kansa oppi nöyrtymään Jumalan edessä, ja joka kerta kun he nöyrtyivät Jumalan edessä Hän palautti heidät takaisin rajattomassa armossa ja rakkaudessaan, ja Hän otti heidät takaisin armonsa syleilyyn.

Kuningas Salomon nautti suuresta kunniasta ja loistosta kun hän rakasti Jumalaa ja piti Hänen käskynsä, mutta kun hän etäännytti itsensä Jumalasta ja palveli vääriä jumalia hänen kunniansa ja loistonsa katosivat. Daavidin, Jehosafatin ja Hesekielin kaltaisten Israelin kuninkaiden kävellessä Jumalan lain mukaisesti maa oli voimakas ja elinvoimainen, mutta kun Israelia hallitsivat kuninkaat jotka välttivät Jumalan tapoja se oli heikko ja altis vieraiden valtojen valloituksille.

Israelin historia paljastaa selvästi Jumalan tahdon, ja se toimii peilinä joka heijastaa Jumalan tahdon kaikille maailman kansoille ja maille. Hänen tahtonsa julistaa, että kun Jumalan kuvaksi luodut ihmiset pitävät Hänen käskynsä ja tulevat pyhittyneeksi Hänen sanansa mukaisesti he saavat osakseen Jumalan siunauksia ja elävät Hänen suosiossaan.

Israel valittiin paljastamaan Jumalan suunnitelman kaikille kansoille ja maille ja se on saanut suunnattomia siunauksia palvelemalla Häntä Hänen sanastaan huolehtivana pappien kansakuntana. Jopa silloin kun ihmiset ovat tehneet syntiä Jumala on antanut ne heille anteeksi ja palauttanut heille heidän asemansa jos he ovat katuneet nöyrin sydämin, aivan kuten Hän oli luvannut heidän suurille esi-isilleen.

Kaikista Jumalan lupaamista ja Hänen valituilleen asettamista siunauksista suurin oli lupaus kunniasta, siitä että Messias oli tuleva heidän joukostaan.

Suuret esi-isät

Kautta koko ihmiskunnan pitkän historian Jumala on suojellut Israelia ja lähettänyt Jumalan miehiä Hänen valitsemiinsa hetkinä pitämään huolen siitä että Israelin nimi ei katoaisi. Jumalan miehet olivat henkilöitä, jotka astuivat esiin Jumalan kasvatuksen mukaisesti ihmiskunnan hyvinä hedelminä jotka noudattivat Jumalan sanaa Häntä rakastaen. Jumala loi Israelin valtion perustukset Israelin suurten esi-isien kautta.

Aabraham, uskon isä

Aabrahamista tuli uskon isä hänen uskonsa ja kuuliaisuutensa tähden, ja hänestä oli polveutuva suuri kansakunta. Hän syntyi noin neljä tuhatta vuotta sitten kaldealaisten Urissa. Jumala kutsui Aabrahamia jonka jälkeen hän voitti osakseen Jumalan rakkauden ja tunnustuksen niin että häntä kutsuttiin Jumalan "ystäväksi."

Jumala kutsui Aabrahamia ja antoi hänelle seuraavan lupauksen:

Ja Herra sanoi Abramille: Lähde maastasi, suvustasi ja isäsi kodista siihen maahan, jonka minä sinulle

19

osoitan. Niin minä teen sinusta suuren kansan, siunaan sinut ja teen sinun nimesi suureksi, ja sinä olet tuleva siunaukseksi (Genesis 12:1-2).

Tuohon aikaan Aabraham ei ollut enää nuori mies. Hänellä ei myöskään ollut perillistä eikä mitään aavistusta siitä, mihin hän oli menossa. Joten totteleminen ei ollut hänelle kaikista helpoin asia. Aabraham kuitenkin noudatti Jumalan käskyä vaikka hän ei tiennytkään minne hän oli menossa, sillä hän luotti täysin ja ainoastaan Jumalaan joka ei koskaan riko lupauksiaan. Joten Aabraham kulki aina uskossa mitä tahansa hän sitten tekikin, ja hän sai osakseen elämänsä aikana kaikki ne siunaukset jotka Jumala oli hänelle luvannut.

Aabraham ei osoittanut Jumalalle pelkästään täydellistä kuuliaisuutta ja uskon tekoja, vaan hän myös tavoitteli hyvyyttä ja rauhaa lähimmäistensä kanssa.

Kun Aabraham esimerkiksi lähti Haramista Jumalan käskyn mukaisesti hänen veljenpoikansa Loot seurasi häntä. Laidunmaiden ja veden vähyyden vuoksi *"syntyi riitaa Abramin karjapaimenten ja Lootin karjapaimenten välillä"* (Genesis 13:7). Vaikka Aabraham oli paljon vanhempi ei hän silti ajanut tai edistänyt omia etujaan. Hän antoi veljenpoikansa Lootin valita paremman maan. Hän sanoi Lootille Genesiksen jakeessa 13:9 seuraavasti: *"Eikö koko maa ole avoinna edessäsi? Eroa minusta. Jos sinä menet vasemmalle, niin minä menen oikealle, tahi jos sinä menet oikealle, niin minä menen vasemmalle."*

Puhtaan sydämensä tähden Aabraham ei ottanut edes langan pätkää tai kengän paulaa joka olisi kuulunut jollekin muulle (Genesis 14:23). Kun Jumala kertoi hänelle että Sodoman ja Gomorran syntien vallassa olevat kaupungit tulisivat tuhoutumaan, Aabraham, hengellisen rakkauden mies, anoi Jumalaa ja sai Häneltä vastauksen jonka mukaan Hän ei tuhoaisi Sodomaa jos kaupungista löytyisi kymmenen vanhurskasta miestä.

Aabrahamin hyvyys ja usko olivat niin puhtaita että hän noudatti Jumalan käskyä vaikka se vaatikin häntä uhraamaan hänen ainoan poikansa polttouhrina.

Genesiksen jakeessa 22:2 Jumala käski Aabrahamia seuraavasti: *"Ota Iisak, ainokainen poikasi, jota rakastat, ja mene Moorian maahan ja uhraa hänet siellä polttouhriksi vuorella, jonka minä sinulle sanon."*

Aabraham sai Iisakin ollessaan satavuotias. Ennen Iisakin syntymää Jumala oli kertonut Aabrahamille että hänen jälkeläisensä tulisi olemaan hänen perillisensä ja että hänen jälkeläistensä määrä olisi tähtien lukumäärän kaltainen. Aabraham ei olisi voinut totella Jumalalta saamaansa käskyä ja uhrata Iisakia jos hän olisi seurannut lihallisia ajatuksiaan. Aabraham kuitenkin totteli Jumalaa viipymättä kyselemättä mitään syitä.

Samalla hetkellä kun Aabraham ojensi kätensä tappaakseen Iisakin alttarin rakennettuaan Jumalan enkeli kutsui häntä ja sanoi: *"Aabraham, Aabraham! Älä satuta kättäsi poikaan äläkä tee hänelle mitään, sillä nyt minä tiedän, että sinä*

21

pelkäät Jumalaa, kun et kieltänyt minulta ainokaista poikaasi" (Genesis 22:11-12). Kuinka siunattu ja liikuttava tämä kohtaus onkaan?

Aabraham ei koskaan toiminut lihallisten ajatustensa mukaan, ja niin hänen sydämessään ei ollut konflikteja tai jännitteitä ja hän saattoi noudattaa Jumalan käskyjä uskossaan. Hän pani kaiken uskonsa uskolliseen Jumalaan joka varmasti täyttäisi mitä tahansa Hän sitten olikin luvannut, kaikkivaltiaaseen Jumalaan, joka herättää kuolleet, ja rakkauden Jumalaan, joka haluaa antaa lapsilleen ainoastaan hyviä asioita. Aabrahamin sydän oli kuuliainen ja täynnä uskon tekoja ja niin Jumala hyväksyi Aabrahamin uskon isäksi.

Sentähden että tämän teit etkä kieltänyt minulta ainokaista poikaasi, minä runsaasti siunaan sinua ja teen sinun jälkeläistesi luvun paljoksi kuin taivaan tähdet ja hiekka, joka on meren rannalla, ja sinun jälkeläisesi valtaavat vihollistensa portit. Ja sinun siemenessäsi tulevat siunatuiksi kaikki kansakunnat maan päällä, sentähden että olit minun äänelleni kuuliainen (Genesis 22:16-18).

Aabraham omasi Jumalaa miellyttävän määrän hyvyyttä ja uskoa, ja häntä kutsuttiin Jumalan "ystäväksi" ja pidettiin uskon isänä. Hänestä tuli myös kaikkien kansojen isä ja kaikkien siunausten lähde, aivan kuten Jumala oli hänelle luvannut kun Hän ensimmäistä kertaa kutsui Häntä: *"Ja minä siunaan niitä, jotka sinua siunaavat, ja kiroan ne, jotka sinua kiroavat, ja sinussa tulevat siunatuiksi kaikki sukukunnat maan päällä"* (Genesis 12:3).

Jumalan johdatus Israelin isän, Jaakobin, sekä uneksija-Joosefin kautta

Iisak oli Aabrahamin, uskon isän poika, ja hän sai kaksi poikaa; Eesaun ja Jaakobin. Jumala valitsi Jaakobin jonka sydän oli hänen veljensä sydäntä puhtaampi tämän yhä ollessa äitinsä kohdussa. Jaakob nimettiin myöhemmin "Israeliksi" ja hänestä tuli Israelin kansakunnan alku ja kahdentoista sukukunnan isä.

Jaakob halasi Jumalan siunauksia ja hengellisiä asioita niin paljon että hän osti vanhemman veljensä Eesaun esikoisoikeudet linssimuhennoksella ja vei tämän siunaukset pettämällä isäänsä Iisakia. Jaakob omasi petollisia luonteenpiirteitä mutta Jumala tiesi että kun Jaakobista tulisi hyvä astia sen jälkeen kun hän olisi muuttunut. Tästä syystä Jumala salli Jaakobin kokea 20 vuotta kestävän koettelemuksen jotta hänen luonteensa murtuisi ja hän nöyrtyisi.

Jaakob varasti viekkaasti vanhemman Eesaun esikoisoikeuden. Tämän johdosta Eesau yritti tappaa hänet ja Jaakobin täytyi paeta hänen luotaan. Lopulta Jaakob päätyi hänen Laaban-enonsa luokse lampaita ja vuohia paimentamaan. Hänen täytyi raataa enonsa lampaita ja vuohia paimentaessaan. Hän tunnusti Genesiksen jakeessa 31:40 seuraavasti: *"Päivällä vaivasi minua helle, yöllä vilu, ja uni pakeni silmistäni."*

23

Jumala antaa jokaisen korjata mitä hän on itse kylvänyt. Hän näki Jaakobin kylvävän uskollisesti ja siunasi häntä siten suurella vauraudella. Jumalan käskiessä Jaakobia palaamaan kotimaahansa hän jätti Laabanin maat taakseen perheineen ja omaisuuksineen. Saavuttuaan Jabbok-joelle Jaakob kuuli että hänen Eesau-veljensä oli sen toisella puolella 400 miehen kanssa.

Jaakob ei voinut palata Laabanin luokse tekemänsä lupauksen tähden. Hän ei myöskään voinut ylittää jokea ja jatkaa kohti kostonhimoa kiehuvaa Eesauta. Tästä pinteestä itsensä löytänyt Jaakob ei kuitenkaan luottanut omaan viisauteensa vaan kantoi kaiken Jumalan eteen rukouksessa. Karistaen kaikki ajatusmallinsa mielestään Jaakob anoi vilpittömästi Jumalaa rukouksessa niin intohimoisesti että hänen lonkkansa meni sijoiltaan.

Jaakob kamppaili Jumalan kanssa ja voitti, ja Jumala siunasi häntä sanoen: *"Sinun nimesi älköön enää olko Jaakob, vaan Israel, sillä sinä olet taistellut Jumalan ja ihmisten kanssa ja olet voittanut"* (Genesis 32:28). Tällöin Jaakob saattoi myös sopia myös veljensä Eesaun kanssa.

Jumala valitsi Jaakobin siitä syystä että tämä oli niin päättäväinen ja suoraselkäinen että koettelemusten kautta hänestä saattoi tulla suuri astia joka voisi näytellä merkittävää roolia Israelin historiassa.

Jaakobilla oli kaksitoista poikaa, ja nämä kaksitoista poikaa loivat perustan Israelin kansakunnalle. Koska kyseessä oli kuitenkin pelkkä heimo, Jumala suunnitteli asettavansa heidät voimakkaan Egyptin valtion rajojen sisäpuolelle siihen saakka kunnes Jaakobin jälkeläiset voisivat muodostaa suuren kansakunnan.

Tämä oli Jumalan rakkaudesta syntynyt suunnitelma, sillä Hän halusi suojella heitä muilta valtioilta. Tämä monumentaalinen työ uskottiin Joosefille, Jaakobin 11:sta pojalle.

Jaakob oli niin suosiollinen 12 poikansa joukossa olevalle Joosefille että hän vaatetti hänet monivärisellä vaatteella ja oli hänelle muutenkin suosiollinen. Joosefista tuli hänen veljiensä vihan ja kateuden uhri, ja he myivät hänet orjaksi Egyptiin hänen ollessa ainostaan 17 vuoden ikäinen. Hän ei kuitenkaan koskaan valittanut tai halveksinut veljiään.

Joosef myytiin Potifarin talouteen. Potifar oli faaraon upseeri ja hänen henkivartiokaartinsa kapteeni. Hän työskenteli tunnollisesti ja uskollisesti ja voitti Potifarin luottamuksen ja suosion. Täten Joosefista tuli Potifarin talouden esimies ja kaikki tähän kuuluva oli hänen vastuullaan.

Tästä seurasi kuitenkin ongelmia. Joosef oli ulkonäöltään hyvin komea, ja niin hänen isäntänsä vaimo alkoi vietellä häntä. Joosef oli kuitenkin suoraselkäinen ja Jumalaa vilpittömästi pelkäävä, joten kun Potifarin vaimo yritti vietellä häntä hän sanoi tälle rohkeasti: *"Kuinka minä siis tekisin niin suuren pahanteon ja rikkoisin Jumalaa vastaan!"* (Genesis 39:9)

Tämän jälkeen Joosef vangittiin hänen isäntänsä vaimon tekemien perusteettomien syytösten perusteella ja hänet

25

heitettiin vankilaan jossa säilytettiin kuninkaan vankeja. Jopa vankilassa Jumala oli Joosefin kanssa, ja Jumala vierellään Joosef oli pian vastuussa kaikesta mitä vankilassa oli tehtävä.

Näiden koettelemusten kautta Joosef sai viisautta jolla hän myöhemmin johti kansakuntaa ja hän jalosti poliittista ajatteluaan ja tuli suureksi astiaksi joka saattoi syleillä sydämellään useita ihmisiä.

Tulkittuaan faaraon unen ja tarjottuaan viisaita ratkaisuja faaraon ja hänen kansansa tuleviin ongelmiin Joosefista tuli Egyptin korkea-arvoisin mies faaraon jälkeen. Joten Jumalan johdatuksen kautta ja Hänen Joosefille antamien koettelemusten kautta Joosefista tuli käskynhaltija aikansa voimakkaimpaan maahan 30 vuoden iässä.

Joosefin faaraolle tekemän ennustuksen mukaisesti seitsemän vuotta kestänyt nälänhätä iski Lähi-itään ja Egyptiin. Joosef saattoi kuitenkin auttaa kaikkia egyptiläisiä aikaisemmin tekemiensä valmistelujan avulla. Joosefin veljet tulivat Egyptiin ruokaa etsien, ja täällä he kohtasivat veljensä. Pian loput perheestä asettui Egyptiin missä he elivät yltäkylläisyydessä ja valmistivat tulevan Israelin valtion syntyä.

Mooses: Suuri johtaja joka teki exoduksesta todellisuutta

Egyptiin asettumisen jälkeen Israelin jälkeläisten lukumäärä ja vauraus lisääntyi ja pian he olivat tarpeeksi voimakkaita perustaakseen oman kansakuntansa.

Uusi kuningas nousi valtaistuimelle. Hän ei tuntenut Joosefia ja oli varuillaan Israelin jälkeläisten vahvuuden ja vaurauden johdosta. Pian kuningas ja hänen hovinsa virkamiehet alkoivat tehdä israelilaisten elämästä katkeraa pakottamalla heidät väkivallalla tekemään tiilejä ja laastia sekä ottamaan osaa kaikenlaiseen muuhun ankaraan peltotyöhän (Exodus 1:13-14).

Mutta "*kuta enemmän kansaa rasitettiin, sitä enemmän se lisääntyi, ja sitä enemmän se levisi*" (Exodus 1:12). Pian faarao määräsi että kaikki Israelin pojat tulisi tappaa heti syntymän jälkeen. Kuullessaan kuinka israelilaiset huusivat ikeensä alla Jumala muisti liittonsa Aabrahamin, Iisakin ja Jaakobin kanssa.

Ja minä annan sinulle ja sinun jälkeläisillesi sen maan, jossa sinä muukalaisena asut, koko Kanaanin maan, ikuiseksi omaisuudeksi; ja minä olen heidän Jumalansa (Genesis 17:8).

Ja maan, jonka minä olen antanut Aabrahamille ja Iisakille, minä annan sinulle; myöskin sinun jälkeläisillesi minä annan sen maan (Genesis 35:12).

Johdattaakseen Israelin pojat piinastaan ja tuodakseen heidät Kanaanin maahan Jumala valmisti miehen joka noudattaisi kaikkia Hänen käskyjään ja paimentaisi Hänen kansaansa Hänen sydämellään.

Tämä mies oli Mooses. Hänen vanhempansa kätkivät Mooseksen kolmeksi kuukaudeksi hänen syntymänsä jälkeen, mutta kun he eivät voineet enää pitää häntä luonaan he asettivat hänet kaislakoriin jonka he laskivat Niilin kaislojen joukkoon. Faaraon tytär löysi tämän kaislakorissa olevan pojan ja päätti ottaa hänet omakseen. Vauvan sisar oli jäänyt vähän matkan päähän nähdäkseen mitä vauvalle kävisi, ja nähdessään mitä tapahtui hän ehdotti faaraon tyttärelle että Mooseksen äiti voisi toimia hänen lastenhoitajanaan.

Joten Mooses kasvoi kuninkaallisessa palatsissa biologisen äitinsä kasvattamana. Luonnollisesti hän myös oppi Jumalasta sekä Israelin kansasta, hänen kansastaan. Eräänä päivänä hän näki kuinka eräs egyptiläinen pahoinpiteli erästä heprealaista, hänen kansansa jäsentä. Kiivaudessaan Mooses tappoi tämän egyptiläisen. Tämän tullessa julki Mooses pakeni faaraon luota ja asettui Midianin maahan. Hän toimi lammaspaimenena 40 vuoden ajan. Tämä oli osa Jumalan johdatusta kouluttaa Mooseksesta exoduksen johtaja.

Jumalan valitsemana hetkenä Hän kutsui Moosesta ja käski häntä johdattamaan israelilaiset Egyptistä Kanaanin maitoa ja hunajaa virtaavaan maahan.

Faaraon sydän oli kovettunut ja siten hän ei kuunnellut Jumalan Mooseksen kautta antamaa käskyä. Tämä johdosta Jumala antoi Egyptille kymmenen vitsausta ja johdatti Israelin kansan Egyptistä väkivalloin.

Faarao ja hänen kansansa kumartuivat Jumalan edessä ja faarao salli Israelin kansan vapautua ikeestään vasta sen jälkeen kun hän oli kansoineen menettänyt esikoispoikansa. Jumala itse ohjasi kansaansa joka askeleella; Jumala jakoi Punaisen meren jotta he voisivat ylittää sen. Kun heillä ei ollut juomavettä Hän antoi veden virrata kivestä, ja kun heiltä puuttui ruokaa Hän lähetti heille mannaa ja viiriäisiä. Jumala teki nämä ihmeet ja merkit Mooseksen kautta taatakseen miljoonien israelilaisten selviytymisen erämaassa 40 vuoden ajan.

Uskollinen Jumala johdatti Israelin kansan Kanaanin maahan Joosuan, Mooseksen seuraajan, kautta. Jumala auttoi Joosuaa ja hänen kansaansa ylittämään Jordan-joen Jumalan tavalla, ja Hän salli heidän valloittaa Jerikon kaupungin. Omalla tavallaan Jumala salli heidän valloittaa ja ottaa haltuunsa suurimman osan Kanaanin maata, jossa maito ja hunaja virtasi.

Kanaanin valloitus ei ollut tietenkään pelkkä Jumalan israelilaisille antama siunaus vaan myös Hänen vanhurskas tuomionsa Kanaanin maan asukkaita vastaan jotka olivat syntien ja pahan saastuttamia. Kanaanin maan asukkaista oli tullut hyvin korruptoituneita je he tulivat tuomituiksi, ja vanhurskaudessaan Jumala johdatti Israelin kansan ottamaan maan itselleen.

Jumala oli sanonut Aabrahamille: *"Ja neljännessä polvessa sinun jälkeläisesi palaavat tänne takaisin; sillä amorilaisten syntivelka ei ole vielä täysi"* (Genesis 15:16). Aabrahamin jälkeläiset Jaakob ja hänen poikansa lähtivät Kanaanista Egyptiin ja heidän jälkeläisensä palasivat Kanaanin maahan.

David perustaa voimakkaan Israelin

Kanaanin maan valloituksen jälkeen Jumala hallitsi Israelia tuomarien ja profeettojen kautta Tuomarien ajan aikana. Tämän jälkeen Israelista tuli kuningaskunta. Jumalaa yli kaiken rakastavan kuningas Daavidin hallituskauteen mennessä Israelin valtion perustukset oli valettu. Nuoruudessaan Daavid tappi suuren filistealaisen soturin pelkällä lingolla ja kivellä. Daavidin sotilaallisten tekojensa tunnustukseksi hänet asetettiin kuningas Saulin armeijan sotamiesten yläpuolelle. Daavidin palattua kotiin peitottuaan filistealaiset monet naiset lauloivat ja soittivat, sanoen: "Saul on tappanut tuhansia, mutta Daavid kymmeniä tuhansia." Kaikki israelilaiset alkoivat rakastaa Daavidia. Mustasukkaisuudessaan kuningas Saul punoi juonia tappaakseen Daavidin.

Saulin epätoivoisten murhayritysten aikana Daavidilla oli kaksi mahdollisuutta tappaa kuningas mutta hän kuitenkin kieltäytyi tappamasta itse Jumalan valitsemaa kuningasta. Hän teki ainoastaan hyviä tekoja kuningasta kohtaan. Kerran Daavid kumarsi kuninkaan edessä kasvot kohden maata ja sanoi kuningas Saulille: *"Katso itse, isäni, katso tätä viittasi liepeen kappaletta, joka on minun kädessäni. Kun minä leikkasin sen sinun viittasi liepeestä enkä sinua tappanut, niin ymmärrä siitä ja näe, ettei minulla ole tekeillä mitään pahaa tai rikollista ja etten minä ole sinua vastaan rikkonut, vaikka sinä vainoat minua ottaaksesi minulta hengen"* (1. Samuel 24:11).

Daavid, Jumalan oman sydämen mukainen mies, seurasi

hyvyyttä kaikissa asioissa jopa senkin jälkeen kun hänestä oli tullut kuningas. Valtakautensa aikana Daavid hallitsi kuningaskuntaansa oikeudenmukaisesti ja vahvisti maatansa. Jumala kulki kuninkaan kanssa ja siten Daavid oli voittoisa sodissaan naapurissaan olevia filistealaisia, mooabilaisia, amalekitealaisia, ammonilaisia sekä edomilaisia vastaan. Hän laajensi Israelin maa-alaa ja hänen tuomansa sotasaaliit ja verot lisäsivät hänen aarrekammionsa rikkauksia. Tämän mukaisesti hän nautti suuresta yltäkylläisyydesta.

Daavid myös siirsi Jumalan liiton arkin Jerusalemiin, asetti uhrauksia koskevat säännökset ja vahvisti uskoa Herra Jumalaan. Kuningas myös perusti Jerusalemin kuningaskunnan poliittisena ja uskonnollisena keskuksena ja teki kaikki valmistelut hänen poikansa Salomonin aikana rakennettavaa Jumalan pyhää temppeliä varten.

Koko historiansa aikana Israel oli kaikista voimakkain ja loistavin juuri kuningas Daavidin hallituskaudella, ja hän oli koko kansansa suuresti ihailema ja hän tuotti ja antoi suuresti kunniaa Jumalalle. Kaiken tämän lisäksi Daavidin teki yhä suuremmaki esi-isäksi se, että Messias oli tuleva juuri hänen jälkeläistensä joukosta.

Elia johdattaa israelilaisten sydämet takaisin Jumalan luokse

Kuningas Daavidin poika Salomon palvoi esikuvia vanhoilla

päivillään ja tämän johdosta kuningaskunta jakaantui kahtia hänen kuolemansa jälkeen. Israelin kahdestatoista sukukunnasta kymmen muodosti Israelin kuningaskunnan pohjoiseen kun taas jäljelle jääneet kaksi sukukuntaa muodostivat Juudean kuningaskunnan etelään.

Profeetat Aamos ja Joosua paljastivat Jumalan tahdon Hänen kansalleen Israelin kuningaskunnassa kun taas Juudean kuningaskunnassa tämän tekivät profeetat Jesaja ja Jeremia. Valitseminaan hetkinä Jumala lähetti profeettansa ja saavutti heidän kautta haluamansa tuloksen. Yksi näistä profeetoista oli profeetta Elia. Elia palveli Jumalaa kuningas Aahabin hallintokauden aikana pohjoisessa kuningaskunnassa.

Tänä aikana kuningatar Jezebel toi Baalin Israeliin ja epäjumalanpalvonta oli yleistä koko maassa. Profeetta Elian ensimmäinen tehtävä oli kertoa kuningas Aahabille että Israelissa ei tulisi satamaan kolmeen ja puoleen vuoteen koska Jumala oli tuominnut heidän epäjumalanpalvontansa.

Elia pakeni Siidoniin kuluvaan Zarefatiin kun hän kuuli että kuningas ja kuningatar yrittivät tappaa hänet. Täällä eräs leski tarjosi hänelle hieman ruokaa ja vastapalvelukseksi tästä hän sai Elian kautta suunnattomia siunauksia eikä hänen jauhovakkansa ollut tyhjä eikä hänen öljykannunsa tyhjentynyt ennen nälänhädän päättymistä. Myöhemmin Elia myös herätti lesken kuolleen pojan henkiin.

Karmelin vuoren huipulla Elia kamppaili 450 Baalin profeetta sekä 400 Asherahin profeettaa vastaan tuoden taivaasta alas Jumalan tulen. Kääntääkseen israelilaisten sydämet pois epäjumalista ja johdattaakseen heidät takaisin Jumalan luokse Elia korjasi Jumalan alttarin, kaatoi vettä uhrin ja alttarin päälle ja rukoili sitten Jumalaa vilpittömin mielin.

"Herra, Aabrahamin, Iisakin ja Israelin Jumala, tulkoon tänä päivänä tiettäväksi, että sinä olet Jumala Israelissa ja että minä olen sinun palvelijasi ja että minä olen sinun käskystäsi tehnyt kaiken tämän. Vastaa minulle, Herra, vastaa minulle, että tämä kansa tulisi näkemään, että sinä, Herra, olet Jumala ja että sinä käännät heidän sydämensä takaisin." Silloin Herran tuli iski alas ja kulutti polttouhrin, puut, kivet ja mullan sekä nuoli veden, joka oli ojassa. Kun kaikki kansa näki tämän, lankesivat he kasvoillensa ja sanoivat: "Herra on Jumala! Herra on Jumala!" Mutta Elia sanoi heille: "Ottakaa Baalin profeetat kiinni; älköön yksikään heistä pääskö pakoon." Ja he ottivat heidät kiinni. Ja Elia vei heidät Kiisonin purolle ja tappoi heidät siellä* (1 Kun. 18:36-40).

Tämän lisäksi hän toi sateen kolmen ja puolen vuoden kuivuuden jälkeen, ylitti Jordan-joen kuin kuivalla maalla kävellen ja profetoi tulevista tapahtumista. Elia todisti selvästi elävästä Jumalasta tuomalla esiin Jumalan ihmeellisiä voimia.

2. Kuningasten kirja 2:11 kuuluu seuraavasti: *"Kun he niin kulkivat ja puhelivat, niin katso, äkkiä ilmestyivät tuliset*

Israel: Jumalan valittu

vaunut ja tuliset hevoset, ja ne erottivat heidät toisistansa, ja Elia nousi tuulispäässä taivaaseen." Elia miellytti Jumalaa hänen äärimmäisellä vankalla uskollaan ja Jumala rakasti ja tunnusti hänet omakseen, ja tämän johdosta profeetta kohosi taivaaseen kokematta kuolemaa.

Daniel paljastaa kansakunnille Jumalan kirkkauden

Kaksi ja puoli vuosisataa myöhemmin, noin vuonna 606 eKr, Jerusalem kaatui kuningas Jehoiakimin valtakaudella Babylonian kuningas Nebukadnezzarin hyökkäyksen alla ja monet Juudean kuningaskunnan kuninkaallisen perheen jäsenet otettiin vangiksi.

Osana kuningas Nebukadnezzarin liennytyspolitiikkaa hän määräsi Asfenazin, virkamiseten päällikön, tuomaan eteensä muutamia Israelin, sen kuningasperheen ja ylhäisön mukaanlukien, nuorista, joissa ei ollut vikaa ja jotka olivat komeita, kaikella tavalla viisaita sekä ymmärtäväisiä ja tietäväisiä ja jotka olivat kykeneväisiä palvelemaan kuninkaan hovissa. Kuningas määräsi että näille nuorille, joihin myös Daniel kuului, oli opetettava Kaldean kirjallisuutta ja kieltä (Daniel 1:3-4).

Daniel kuitenkin päätti että hän ei saastuttaisi itseään kuninkaan valitsemalla ruoalla tai hänen juomalla viinillä ja niin hän pyysi virkamiesten päälliköltä lupaa olla saastuttamatta itseään (Daniel 1:8).

Daniel oli sotavanki mutta siitä huolimatta hän sai Jumalalta siunauksia, sillä hän pelkäsi Häntä elämänsä jokaisella alalla.

Jumala antoi Danielille ja tämän ystäville tietoutta ja ymmärrystä kirjallisuuden jokaisen alan suhteen sekä viisautta. Hän jopa ymmärsi kaikenlaisia näkyjä sekä unia (Daniel 1:17). Tämän tähden hän sai jatkuvasti enemmän suosiota ja tunnustusta kuninkailta vaikka itse kuninkaskunnat vaihtuivat. Persian kuningas Darius tunnisti Danielin harvinaislaatuisen hengen ja halusi nimittää hänet koko valtakunnan käskynhaltijaksi. Osa hoviväestä oli kuitenkin mustasukkainen Danielin johdosta ja he alkoivat etsiä syytä syyttää häntä maan etujen vastaisesta toiminnasta. He eivät kuitenkaan löytäneet mitään perusteita hänen syyttämiselleen tai mitään todisteita korruptiosta.

Kuullessaan että Daniel polvistui Jumalan eteen kolme kertaa päivässä nämä esimiehet ja satraapit lähestyivät kuningasta ja kehoittivat häntä julistamaan lain jonka mukaan kuka tahansa joka rukoilisi tai anoisi mitään muuta jumalaa tai ihmistä kuninkaan lisäksi yhden kuukauden sisällä tuomittaisiin leijonien luolaan. Daniel ei horjunut uskossaan vaan hän jatkoi rukoiluaan kohti Jerusalemia aivan kuten ennenkin siitä huolimatta että hän vaaransi täten maineensa, korkean asemansa ja jopa oman henkensä.

Kuninkaan käskystä Daniel heitettiin leijonien luolaan. Hän ei kuitenkaan vahingoittunut sillä Jumala lähetti Hänen enkelinsä sulkemaan leijonien kidat. Kun kuningas Darius kuuli tästä hän kirjoitti kaikille kansoille, valtakunnille sekä kaikille eri kieliä puhuville ihmisille jotka asuivat eri puolilla maailmaa, ja hän salli heidän laulaa ylistystä ja kirkastaa Jumalaa.

35

Minä olen antanut käskyn, että minun valtakuntani koko valtapiirissä vavistakoon ja peljättäköön Danielin Jumalaa. Sillä hän on elävä Jumala ja pysyy iankaikkisesti. Hänen valtakuntansa ei häviä, eikä hänen herrautensa lopu. Hän pelastaa ja vapahtaa, hän tekee tunnustekoja ja ihmeitä taivaassa ja maan päällä, hän, joka pelasti Danielin jalopeurain kynsistä (Daniel 6:26-27).

Yllä mainittujen Jumalaa suuresti kirkastaneiden uskon esi-isien lisäksi mikään määrä paperia tai mustetta ei riittäisi kuvaamaan niitä uskon tekoja joita Gideon, Barak, Samson, Jeftah, Samuel, Jesaja, Jeremia, Hesekiel, Danielin kolme ystävää, Ester, sekä kaikki Raamatussa esitellyt profeetat tekivät.

Kaikkien maailman kansojen suuret esi-isät

Israelin kansakunnan alkupäivistä lähtien Jumala on ohjannut ja paimentanut sen historiaa henkilökohtaisesti. Joka kerta kun Israel on löytänyt itsensä keskeltä kriisiä Jumala on pelastanut heidät Hänen valmistamiensa profeettojen kautta ja ohjannut siten Israelin historiaa.

Joten toisin kuin muiden maiden historia, Israelin historia on kehittynyt Jumalan suunnitelmien mukaisesti Aabrahamin päivistä saakka, ja se tulee kehittymään Jumalan suunnitelmien mukaan aina aikojen loppuun saakka.

Jumala ei valinnut uskon esi-isiä Israelin kansan joukosta

ja käyttänyt heitä Hänen suunnitelmiensa toteuttamiseksi ainostaan valitun kansansa, Israelin, hyväksi, vaan kaikkien maailman Häneen uskovien ihmisten tähden.

Onhan Aabrahamista tuleva suuri ja väkevä kansa, ja kaikki kansakunnat maan päällä tulevat hänessä siunatuiksi (Genesis 18:18).

Jumala tahtoo kaikkien maailman kansojen tulevan Aabrahamin lapsiksi uskonsa kautta ja saavan osakseen Aabrahamin siunauksia. Hän ei ole varannut siunauksiaan pelkästään Israelin valitulle kansalleen. Jumala lupasi Aabrahamille Genesiksen jakeissa 17:4-5 että hänestä tulisi lukemattomien kansojen isä ja jakeessa 12:3 että kaikki maailman perheet tulisivat hänen kauttaan siunatuiksi. Genesis 22:17-18 lupaa että kaikki maailman kansakunnat tulisivat siunatuiksi hänen siemenensä kautta.

Israelin historian kautta Jumala on avannut polun jonka kautta kaikki maailman kansakunnat voivat oppia että vain Herra Jumala on oikea Jumala, ja siten he voivat palvella Häntä ja tulla Häntä rakastaviksi uskollisiksi lapsiksi.

Minä olen suostunut niiden etsittäväksi, jotka eivät minua kysyneet, niiden löydettäväksi, jotka eivät minua etsineet; minä olen sanonut kansalle, joka ei ole otettu minun nimiini: Tässä minä olen, tässä minä olen! (Jesaja 65:1).

Jumala on valmistanut nämä suuret esi-isät ja ohjannut ja hallinnut henkilökohtaisesti Israelin historiaa salliakseen sekä valittujensa israelilaisten että ei-juutalaisten kutsuvan Hänen nimeään. Jumala oli täyttänyt ihmiskunnan kasvatuksen suunnitelman mutta sitten Hän teki uuden ihmeellisen suunnitelman voidakseen soveltaa ihmiskunnan jalostusta myös ei-juutalaisiin. Tämän tähden Jumala lähetti ainoan Poikansa valitsemanaan hetkenä Israelin maahan koko ihmiskunnan Messiaaksi, ei vain Israelin Messiaaksi.

Jeesuksesta Kristuksesta todistavat

Koko ihmiskunnan kasvatuksen historian kautta Israel on aina ollut Jumalan suunnitelman täyttymyksen keskellä. Jumala paljasti itsensä uskon isille ja lupasi heille tulevia tapahtumia ja sitten täytti nämä lupaukset niinkuin Hän oli sanonut. Hän myös ilmoitti israelilaisille että messias oli tuleva Juudan heimosta ja Daavidin suvusta, ja että hän tulisi pelastamaan kaikki maailman kansakunnat.

Tästä johtuen Israel on odottanut vanhassa testamentissa profetoitua messiasta. *Jeesus Kristus* on tämä messias. Juutalaisessa uskossa olevat eivät tietenkään tunnusta Jeesusta Jumalan Pojaksi ja messiaaksi, vaan he yhä odottavat Hänen paluutaan.

Israelin odottama messias sekä messias josta tämän luvun loppuosa puhuu ovat yksi ja sama messias.

Mitä ihmiset sanovat Jeesuksesta Kristuksesta? Jos me tutkimme messiaasta kertovia profetioita ja kuinka ne ovat täyttyneet sekä messiaan piirteitä me vain vahvistamme että Israelin niin kauan odottama messias on todellakin Jeesus Kristus.

Paavalista, Jeesuksen Kristuksen vainoajasta, tulee Hänen apostolinsa

Paavali syntyi nykyajan Turkissa sijaitsevassa Tarsossa, Ciliciassa, noin 2000 vuotta sitten. Hänen syntymänimensä oli Saul. Saul ympärileikattiin kahdeksantena päivänä hänen syntymänsä jälkeen ja hän oli Israelin kansakunnasta, Benjaminin heimosta ja heprealainen. Saul oli viaton Laissa olevan vanhurskauden mukaisesti. Hän kouluttautui Gamalielin, kaikkien kunnioittaman Lain opettajan, alaisuudessa. Hän eli tarkasti isiensä lain mukaisesti ja hänellä oli maailman mahtavimman maan, Rooman valtakunnan, kansalaisuus. Toisin sanoen lihallisesti Saulilta ei puuttunut mitään hänen perheensä, sukunsa, tietoutensa, vaurautensa tai valtansa suhteen.

Saul rakasti Jumalaa yli kaiken, ja tämän tähden hän vainosi väsymättä Jeesuksen Kristuksen seuraajia. Tämä johtui siitä että hän oli kuullut että kristityt väittivät ristiinnaulitun Jeesuksen olevan Jumalan poika ja Pelastaja, ja että Jeesus nousi kuolleista kolmantena päivänä Hänen hautajaistensa jälkeen. Saulille tämä kaikki oli itsensä Jumalan pilkkaamista.

Saul myös kuvitteli että Jeesuksen Kristuksen seuraajat muodostivat uhan hänen palavasti seuraamalleen farisealaiselle juutalaisuudelle. Tästä syystä Saul vainosi ja tuhosi kirkkoja väsymättä ja johti Jeesuksen seuraajien kiinniottoja.

Hän vangitsi useita kristittyjä ja äänesti heitä vastaan kun heitä tapettiin. Hän rankaisi uskovia myös kaikissa synagoogissa, yritti saada heidät kieltämään Jeesuksen Kristuksen ja ajoi heitä

takaa jopa vieraiden maiden kaupunkeihin saakka.
Sitten Saul koki unohtumattoman kokemuksen jonka kautta
hänen elämänsä mullistui täysin. Matkalla Damaskokseen
taivaallinen kirkkaus häikäisi hänet yllättäen.

"Saul, Saul,miksi sinä vainoat minua?"
"Kuka sinä olet, Herra?"
"Minä olen sinun vainoamasi Jeesus."

Saul nousi ylös mutta huomasi että hän ei pystynyt näkemään.
Toisten ihmisten täytyi auttaa hänet Damaskokseen. Hän viipyi
siellä kolmen päivän ajan ilman näköään. Hän ei syönyt eikä
juonut mitään. Tämän jälkeen Herra ilmestyi näössä Ananias-
nimiselle opetuslapselle.

Nouse ja mene sille kadulle, jota sanotaan Suoraksi
kaduksi, ja kysy Juudaan talosta Saulus nimistä
tarsolaista miestä. Sillä katso, hän rukoilee; ja hän on
nähnyt näyssä miehen, Ananias nimisen, tulevan sisälle
ja panevan kätensä hänen päällensä, että hän saisi
näkönsä jälleen ... Mene; sillä hän on minulle valittu
ase, kantamaan minun nimeäni pakanain ja kuningasten
ja Israelin lasten eteen. Sillä minä tahdon näyttää
hänelle, kuinka paljon hänen pitää kärsimän minun
nimeni tähden (Ap. t. 9:11-12; 15-16).

Ananias asetti kätensä Saulin päälle ja rukoili tämän

41

puolesta, ja välittömästi jotkin suomujen kaltaiset putosivat hänen silmistään ja hän sai näkönsä takaisin. Tavattuaan Herran Saul ymmärsi syntinsä, ja hän nimesi itsensä "Paavaliksi", joka tarkoittaa "pientä ihmistä." Tästä hetkestä eteenpäin Paavali saarnasi rohkeasti ei-juutalaisille elävästä Jumalasta ja Jeesuksen Kristuksen evankeliumista.

Sillä minä teen teille tiettäväksi, veljet, että minun julistamani evankeliumi ei ole ihmisten mukaista; enkä minä olekaan sitä ihmisiltä saanut, eikä sitä ole minulle opetettu, vaan Jeesus Kristus on sen minulle ilmoittanut.

Olettehan kuulleet minun entisestä vaelluksestani juutalaisuudessa, että minä ylenmäärin vainosin Jumalan seurakuntaa ja sitä hävitin ja että edistyin juutalaisuudessa pitemmälle kuin monet samanikäiset heimossani ja ylen innokkaasti kiivailin isieni perinnäissääntöjen puolesta. Mutta kun hän, joka äitini kohdusta saakka on minut erottanut ja kutsunut armonsa kautta, näki hyväksi ilmaista minussa Poikansa, että minä julistaisin evankeliumia hänestä pakanain seassa, niin minä heti alunpitäenkään en kysynyt neuvoa lihalta ja vereltä, enkä lähtenyt ylös Jerusalemiin niiden luo, jotka ennen minua olivat apostoleja, vaan menin pois Arabiaan ja palasin taas takaisin Damaskoon (Galatalaiskirje 1:11-17).

Paavali joutui kokemaan kaikenlaisia sanoinkuvaamattomia

kärsimyksiä jopa senkin jälkeen kun hän oli kohdannut Herran Jeesuksen Kristuksen ja alkanut saarnata evankeliumia. Usein Paavali löysi itsensä suurista vaivoista, vankeudesta, ruoskinnoista ja kuolemanvaarasta, ja hän näki unettomia öitä, nälkää, janoa, paastoa sekä kärsi vilusta ja alastomuudesta (2. Kor. 11:23-27). Hän olisi voinut helposti elää varakasta ja mukavaa elämää asemansa, valtansa, tietoutensa ja viisautensa avulla mutta hän kuitenkin luopui kaikesta tästä ja antoi kaikkensa Herralle.

Sillä minä olen apostoleista halvin enkä ole sen arvoinen, että minua apostoliksi kutsutaan, koska olen vainonnut Jumalan seurakuntaa. Mutta Jumalan armosta minä olen se, mikä olen, eikä hänen armonsa minua kohtaan ole ollut turha, vaan enemmän kuin he kaikki minä olen työtä tehnyt, en kuitenkaan minä, vaan Jumalan armo, joka on minun kanssani (1. Korinttolaiskirje 15:9-10).

Paavali saattoi tunnustaa tällä tavoin rohkeasti sillä hän oli kokenut hyvin elävän kokemuksen kohdatessaan Jeesuksen Kristuksen. Herra ei ainoastaan kohdannut Paavalia Damaskoksen tiellä vaan myös vahvisti Hänen läsnäolonsa Paavalin kanssa näyttämällä ihmeellisiä voiman tekoja.

Jumala teki suunnattomia ihmeitä Paavalin kätten kautta niin että jopa hänen yltään vietiin nenäliinoja ja liinoja sairaiden luokse, jolloin sairaudet ja pahat henget lähtivät näistä henkilöistä. Paavali toi myös nuoren Eutykus-nimisen miehen takaisin eloon kun tämä oli pudonnut alas kolmannesta kerroksesta ja todettu kuolleeksi. Kuolleiden ihmisten virvoittaminen ei ole mahdollista ilman Jumalan voimaa.

Vanha testamentti mainitsee kuinka profeetta Elia toi lesken pojan takaisin henkiin Zarefatissa ja kuinka profeetta Elisa virvoitti vaikutusvaltaisen naisen pojan Shunemissa. Kuten psalmi 62:11 sanoo: *"Kerran on Jumala sanonut, kahdesti olen sen kuullut: väkevyys on Jumalan,"* Jumalan voima annetaan Jumalan miehille.

Kolmen lähetysmatkansa aikana Paavali loi perustukset Jeesuksen Kristuksen evankeliumin saarnaamiselle ympäri maailmaa perustamalla kirkkoja eri puolilla Aasiaa ja Eurooppaa aina Vähä-Aasia ja Kreikka mukaanlukien. Joten näin hän avasi polun jonka kautta Jeesusta Kristusta saarnattaisiin maailman joka kolkassa ja lukemattomat sielut tulisivat pelastumaan.

Pietari näytti suuria voimia ja pelasti lukemattomia sieluja

Mitä me voimme sanoa Pietarista joka toimi evankeliumin juutalaisille saarnaamisen keihäänkärkenä? Ennenkuin hän tapasi Jeesuksen hän oli pelkkä tavallinen kalastaja, mutta sen jälkeen kun Jeesus kutsui hänet ja hän todisti henkilökohtaisesti Jeesuksen tekemiä ihmeellisiä asioita Pietarista tuli yksi Hänen parhaista opetuslapsista.

Pietari todisti kuinka Jeesus käytti sellaista voimaa jonka laatua ja määrää ihmiset eivät voineet edes matkia, ja hän näki kuinka Jeesus avasi sokeiden silmät, nosti rammat seisomaan ja herätti kuolleita eroon. Pietari näki kuinka Jeesus teki hyviä tekoja ja peitti ihmisten heikkoudet ja viat, ja tämän johdosta hän saattoi uskoa, että "Hän on todellakin Jumalasta." Hänen tunnustuksensa löytyy Matteuksen luvusta 16.

"Kenenkä te sanotte minun olevan?" (jae 15),
"Sinä olet Kristus, elävän Jumalan Poika" (jae 16).

Sitten ylläolevan rohkean tunnustuksen antamiseen kykenevälle Pietarille tapahtui jotakin ihmeellistä. Pietari jopa tunnusti Jeesukselle viimeisellä aterialla: *"Vaikka kaikki loukkaantuisivat sinuun, niin minä en koskaan loukkaannu"* (Matteus 26:33). Pietari kuitenkin kielsi tuntevansa Jeesuksen kolmasti kuolemanpelossaan sen jälkeen kun Hänet oli vangittu ja Hänet ristiinnaulittiin.

Pietari sai osakseen Pyhän Hengen ja hän koki ihmeellisen muodonmuutoksen Jeesuksen noustua kuolleista ja astuttua taivaaseen. Hän omisti koko elämänsä Jeesuksen Kristuksen evankeliumin saarnaamiselle kuolemaa pelkäämättä. Eräänä päivänä 3000 ihmistä katui ja tuli kastetuksi kun hän todisti rohkeasti Jeesuksesta Kristuksesta. Hän julisti rohkeasti että Jeesus Kristus on meidän Herramme ja Pelastajamme jopa hänen elämäänsä uhkaavien juutalaisten johtajien edessä.

Tehkää parannus ja ottakoon kukin teistä kasteen Jeesuksen Kristuksen nimeen syntienne anteeksisaamiseksi, niin te saatte Pyhän Hengen lahjan. Sillä teille ja teidän lapsillenne tämä lupaus on annettu ja kaikille, jotka kaukana ovat, ketkä ikinä Herra, meidän Jumalamme, kutsuu (Ap. t. 2:38-39).

Hän on 'se kivi, jonka te, rakentajat, hylkäsitte, mutta joka on kulmakiveksi tullut.' Eikä ole pelastusta yhdessäkään toisessa; sillä ei ole taivaan alla muuta nimeä ihmisille annettu, jossa meidän pitäisi pelastuman (Ap. t. 4:11-12).

Pietari toi Jumalan voimaa esille tekemällä ja näyttämällä monia merkkejä ja ihmeitä. Lyddassa Pietari paransi kahdeksan vuotta halvaantuneena olleen miehen ja läheisessä Joppassa hän elvytti sairastuneen ja tämän johdosta kuolleen Tabithan. Pietari antoi myös rampojen nousta ja kävellä ja hän paransi erilaisista sairauksista kärsiviä ihmisiä ja ajoi pois demoneja.

Jumalan voima näyttäytyi Pietarin yhteydessä niin voimakkaasti että ihmiset kantoivat sairaita potilaita kaduille ja laskivat heidät vuoteille ja peitteiden päälle sillä he toivoivat että edes Pietarin varjo lankeaisi heidän päälleen hänen kulkiessaan heidän ohitseen (Ap. t. 5:15).

Jumala myös paljasti Pietarille hänen näkyjensä kautta että pelastuksen evankeliumi kuului myös ei-juutalaisille. Eräänä päivänä Pietari nousi talon katolle rukoilemaan ja hänelle tuli nälkä ja hän halusi syödä jotakin. Pietari vaipui hurmokseeen kun ruoka ei ollut vielä valmista, ja hän näki kuinka taivas aukeni ja lakanan kaltainen esine laskeutui alas. Sen päällä oli kaikenlaisia nelijalkaisia eläimiä sekä matelevia otuksia ja taivaan lintuja (Ap. t. 10:9-12). Sitten Pietari kuuli äänen. *"Nouse, Pietari, teurasta ja syö!"* (jae 13) *"En suinkaan, Herra; sillä en minä ole ikinä syönyt mitään epäpyhää enkä saastaista"* (jae 14). *"Minkä Jumala on puhdistanut, sitä älä sinä sano epäpyhäksi"* (jae 15). Tämä tapahtui kolme kertaa ja sitten kaikki vedettiin takaisin taivaalle. Pietari ei voinut ymmärtää miksi Jumala käski häntä syömään jotakin jonka Mooseksen Laki oli määritellyt "epäpuhtaaksi." Pietarin pohtiessa tämän näyn merkitystä Pyhä Henki sanoi hänelle: *"Katso, kaksi miestä etsii sinua; niin nouse nyt, asu alas ja mene arvelematta heidän kanssaan, sillä minä olen heidät lähettänyt"* (Ap. t. 10:19-20). Nämä kaksi miestä olivat saapuneet ei-juutalaisen Korneliuksen puolesta joka oli lähettänyt heidät hakemaan Pietarin luokseen.

Tämän näyn kautta Jumala paljasti Pietarille että Hän tahtoi armonsa tulevan saarnatuksi myös ei-juutalaisille, ja Hän kehotti Pietaria levittämään Herran Jeesuksen Kristuksen evankeliumia heille. Pietari oli niin kiitollinen häntä rakastavalle Herralle joka uskoi tämän pyhän tehtävän Hänen apostolilleen siitä huolimatta että hän oli kieltänyt Hänet kolme kertaa, eikä hän ei säästänyt omaa elämäänsä johtaakseen lukemattomia sieluja pelastuksen tielle. Siten hän koki marttyyrin kuoleman.

Apostoli Johannes profetoi viimeisistä päivistä Jeesuksen Kristuksen ilmestyksen kautta

Ennen kuin Jeesus kutsui Johanneksen tämä toimi kalastajana Galileassa. Tämän jälkeen hän kuitenkin kulki aina Hänen kanssaan ja todisti kuinka Hän teki ihmeitä ja näytti merkkejä. Johannes näki kuinka Jeesus muutti veden viiniksi Kaanan häissä, kuinka Hän paransi lukemattomia ihmisiä mukaanlukien 38 vuotta sairaana olleen henkilön, kuinka Hän ajoi demoneja pois monista ihmisistä sekä kuinka Hän avasi sokeiden silmiä. Johannes myös todisti kuinka Jeesus käveli veden päällä ja elvytti neljä päivää kuolleena olleen Lasaruksen.

Johannes oli Jeesuksen seurassa kun Hän muutti muotoaan (Hänen kasvonsa loisti auringon tavoin ja Hänen vaatteensa loistivat kirkkauden tavoin) ja puhui Mooseksen ja Elian kanssa kirkastusvuoren huipulla. Jopa silloin kun Jeesus veti viimeisiä henkäyksiään Hän puhui Neitsyt Marialle ja Johannekselle: *"Nainen, katso, sinun Poikasi!"*

"Katso, sinun äitisi!" Näillä viimeisiin Jeesuksen ristillä puhumiin sanoihin kuuluvilla sanoilla Hän yritti lohduttaa fyysisesti Häntä odottanutta ja Hänet synnyttänyttä Mariaa mutta hengellisesti Hän julisti koko ihmiskunnalle että kaikki uskovat ovat veljiä, sisaria ja äitejä.

Jeesus ei koskaan viitannut Mariaan Hänen "äitinään." Jeesus oli Jumalan poika ja itsessään siis Jumala, ja siten kukaan ei olisi voinut synnyttää Häntä eikä Hänellä siis voinut olla äitiä. Jeesus sanoi Johannekselle: "Katso, sinun äitisi!", koska Johanneksen tuli palvella Mariaa hänen äitinään. Tuosta hetkestä lähtien Johannes otti Marian omaan talouteensa ja palveli häntä äitinään.

Jeesuksen ylösnousemuksen ja taivaaseenastumisen jälkeen Johannes saarnasi Jeesuksen Kristuksen evankeliumia tunnollisesti yhdessä muiden apostolien kanssa juutalaisten osalta tulevista jatkuvista uhista huolimatta. Evankeliumin palavan saarnaamisen kautta alkukirkko koki ihmeellisen virvoituksen mutta samaan aikaan apostolit kokivat jatkuvaa vainoa.

Apostoli Johannesta kuulusteltiin juutalaisten neuvoston edessä ja myöhemmin Rooman keisari Domitius upotti hänet kiehuvaan öljyyn. Jumalan voiman ansiosta tämä ei kuitenkaan vahingoittanut Johannesta lainkaan ja keisari karkotti hänet kreikkalaiselle Patmoksen saarelle Välimerelle. Täällä Johannes kommunikoi Jumalan kanssa rukouksessa ja Pyhän Hengen hurmiossa ja enkeleiden ohjastamana hän näki useita näkyjä ja tallensi Jeesuksen Kristuksen paljastuksia.

Jeesuksen Kristuksen ilmestys, jonka Jumala antoi hänelle, näyttääkseen palvelijoillensa, mitä pian tapahtuman pitää; ja sen hän lähettämänsä enkelin kautta antoi tiedoksi palvelijalleen Johannekselle (Ilmestyskirja 1:1).

Pyhän Hengen hurmiossa apostoli Paavali kirjasi yksityiskohtaisesti asioita jotka olivat tapahtuva viimeisten päivien aikana jotta kaikki ihmiset ottaisivat Jeesuksen vastaan Pelastajakseen ja valmistaisivat itsensä ottamaan Hänet vastaan kuninkaiden Kuninkaana ja herrojen Herrana Hänen toisen tulemisensa yhteydessä.

Alkukirkon jäsenet pitivät kiinni uskostaan

Kuolleista nousseen Jeesuksen noustessa taivaaseen Hän lupasi Hänen opetuslapsilleen että Hän tulisi palaamaan samalla tavalla kuin he nyt näkivät Hänen menevän taivaaseen.

Lukemattomat Jeesuksen ylösnousemusta ja taivaaseen astumista todistaneet ihmiset ymmärsivät että myös he saattoivat astua taivaaseen eivätkä he siten enää pelänneet kuolemaa. Tällä tavoin he saattoivat elää heidän elämänsä Hänen todistajinaan maailman johtajien uhkausten ja sorron sekä usein heidän kuolemaansa johtaneen vainon edessä. Jeesusta Hänen julkisen elämänsä aikana palvelleiden opetuslasten lisäksi myös lukemattomia muita mestattiin, ristiinaulittiin ja poltettiin roviolla Rooman Kolosseumilla. Osa heistä joutui myös leijonien saaliiksi mutta kaikki heistä pitivät kiinni uskostaan Jeesukseen Kristukseen.

Kristittyjen vainon kiihtyessä alkukirkon jäsenet piileksivät Rooman katakombeissa, "maanalaisissa hautapaikoissa." Heidän elämänsä olivat kurjia; oli kuin he eivät olisi eläneet kunnolla. Heidän Herraa kohtaan tuntemansa palavan ja vilpittömän rakkautensa tähden he eivät kuitenkaan pelänneet minkäänlaisia koettelemuksia tai piinaa.

Kristittyjen vaino oli käsittämättömän julmaa ja ankaraa kunnes Rooma tunnusti kristinuskon virallisesti. Kristityt menettivät kansalaisuutensa, Raamatut ja kirkot sytytettiin tuleen, ja kirkon jäseniä ja työntekijöitä pidätettiin, kidutettiin julmasti ja teloitettiin.

Smyrnan kirkon Polykarp oli apostoli Johanneksen henkilökohtainen ystävä. Polykarp oli uskollinen piispa. Hän ei hylännyt uskoaan kun Rooman viranomaiset pidättivät hänet ja hän seisoi kuvernöörin edessä.

"Minä en tahdo häpäistä sinua. Määrää nuo kristityt tapettavaksi ja minä vapautan sinut. Kiroa Kristus!"

"Minä olen ollut Hänen palvelijansa 86 vuoden ajan, ja hän ei ole tehnyt minua kohtaan mitään väärää. Kuinka minä voisin puhua minut pelastanutta Kuningasta vastaan?"

He yrittivät polttaa hänet kuoliaaksi mutta tämän epäonnistumisen johdosta Smyrnan piispa Polykarp koki marttyyrin kuoleman tultuaan puukotetuksi. Useat kristityt todistivat ja kuulivat Polykarpin uskossa käymisestä ja marttyyrikuolemasta ja tämän johdosta he ymmärsivät Jeesuksen Kristuksen kärsimyksen yhä paremmin ja he valitsivat marttyyriuden tien myös itselleen.

Israelin miehet, kavahtakaa, mitä aiotte tehdä näille miehille. Sillä ennen näitä päiviä nousi Teudas, sanoen jokin olevansa, ja häneen liittyi noin neljäsataa miestä;

Israel: Jumalan valittu

hänet tapettiin, ja kaikki, jotka olivat häneen suostuneet, hajotettiin, ja he joutuivat häviöön. Hänen jälkeensä nousi Juudas, galilealainen, verollepanon päivinä ja vietteli kansaa luopumaan puolellensa; hänkin hukkui, ja kaikki, jotka olivat suostuneet häneen, hajotettiin. Ja nyt minä sanon teille: pysykää erillänne näistä miehistä ja antakaa heidän olla; sillä jos tämä hanke eli tämä teko on ihmisistä, niin se tyhjään raukeaa; mutta jos se on Jumalasta, niin te ette voi heitä kukistaa. Varokaa, ettei teitä ehkä havattaisi sotiviksi itse Jumalaa vastaan (Ap. t. 5:35-39).

Tällä tavoin tunnettu Gamaliel varoitti ja muistutti Israelin kansaa. Itsestään Jumalasta peräisin oleva Jeesuksen Kristuksen evankeliumi ei kuitenkaan kaatunut. Lopulta vuonna 313 jKr. keisari Konstantinus teki kristinuskosta valtakuntansa virallisen uskonnon ja Jeesuksen Kristuksen evankeliumi tuli saarnatuksi koko maailmalle.

Todistus Jeesuksesta Pontius Pilatuksen raportissa

Rooman valtakunnan ajoista peräisin oleviin dokumentteihin kuuluu myös Pontius Pilatuksen, Jeesuksen aikana roomalaisten Juudean provinssin kuvernöörinä olleen henkilön kirjoittama ja hänen keisarille lähettämänsä dokumentti.

Seuraava on ote Jeesuksen ylösnousemuksen kohdasta joka on peräisin tästä "Pilatuksen raportista Caesarille koskien Jeesuksen pidätystä, tuomiota ja ristiinnaulitsemista," jota säilytetään tällä hetkellä Turkin Istanbulissa olevassa Hagia Sofiassa:

Muutama päivä sen jälkeen kun hautakammion oli todettu olleen tyhjä hänen opetuslapsensa julistivat ympäri maata että Jeesus oli noussut kuolleista aivan kuten Hän oli itse ennustanut. Tämä aiheutti enemmän innostusta kuin itse ristiinnaulitseminen. Asian todenperäisyyteen minä en voi sanoa mitään varmasti, mutta minä olen tutkinut asiaa jonkin verran. Joten te voitte tutkia löytöni itse ja päätellä olenko minä vikapää niinkuin Herodes väittää.

Joosef hautasi Jeesuksen omaan hautaansa. Minä en tiedä oliko hänen mielessään Jeesuksen ylösnouseminen vai aikoiko hän louhia itselleen uuden haudan. Päivä sen jälkeen kun Jeesus oli haudattu eräs papeista saapui praetoriumiini ja sanoi että he pelkäsivät että Jeesuksen opetuslpaset aikoivat varastaa Hänen ruumiinsa ja piilottaa sen, saaden siten näyttämään siltä että Jeesus olisi noussut kuolleista Hänen sanojensa mukaisesti joiden todenperäisyydestä nämä opetuslapset olivat täysin vakuuttuneita.

Minä lähetin hänet henkivartioston kapteenin (Markus) luokse kertomaan että hänen tulisi ottaa juutalaiset sotilaat ja asettaa niin monia heistä haudan ympärille

Israel: Jumalan valittu

kuin vain tarpeellista. Jos jotakin sitten tapahtuisi he voisivat syyttää siitä vain itseään, ei roomalaisia.

Kun suuri innostus sitten levisi tyhjän haudan ansiosta minä tunsin syvempää huolta kuin koskaan ennen. Minä haetutin erään Islam-nimisen miehen jonka selostamat tapahtumat minä kirjaan parhaani mukaan. He näkivät pehmeän ja kauniin valon hautaholvin yläpuolella. Aluksi hän luuli että naiset olivat saapuneet paikalle valmistaakseen Jeesuksen ruumiin heidän tapojensa mukaisesti, mutta hän ei ymmärtänyt kuinka he olisivat voineet päästä vartoiden ohitse. Hänen pohtiessaan tätä koko paikka täyttyi kirkkaudella ja näytti siltä kuin haudassa olisi ollut joukottain kuolleita hautavaatteissaan.

He kaikki näyttivät huutavan ja olevan täynnä iloa, kun taas joka puolella ja kaiken yllä kuului kauneinta musiikkia mitä hän on ikinä kuullut, ja vaikutti siltä kuin koko ilma olisi ollut täynnä Jumalaa ylistäviä ääniä. Kaiken tämän aikana hänestä tuntui kuin itse maa olisi keinunut ja heilunut niin että hän tunsi olonsa huonoksi ja häntä pyörrytti niin paljon että hän ei pysynyt jaloillaan. Hän sanoi että hänestä tuntui kuin maa olisi uinut pois hänen altaan ja että hänen aistinsa jättivät hänet, joten hän ei tiennyt mitä oikein tapahtui.

Matteus 27:51-53 sanoo: *"Ja katso, temppelin esirippu repesi kahtia ylhäältä alas asti, ja maa järisi, ja kalliot halkesivat, ja haudat aukenivat, ja monta nukkuneiden pyhien ruumista nousi ylös. Ja he lähtivät haudoistaan ja tulivat hänen ylösnousemisensa jälkeen pyhään kaupunkiin ja ilmestyivät monelle."* Myös roomalaiset vartiomiehet todistivat samaa.

Kirjattuaan hengellistä tapahtumaa todistaneiden roomalaisten vartiomiesten todistukset Pilatus kirjoitti raporttinsa loppuun: "Minä olen melkein valmis sanomaan: 'Todellakin tämä oli Jumalan Poika.'"

Lukemattomat Herran Jeesuksen Kristuksen todistajat

Jeesusta Hänen julkisen elämänsä aikana palvelleet opetuslapset eivät olleet ainoita jotka todistivat Jeesuksen Kristuksen evankeliumista. Jeesus sanoi Johanneksen evankeliumissa 14:13: *"ja mitä hyvänsä te anotte minun nimessäni, sen minä teen, että Isä kirkastettaisiin Pojassa,"* ja tämän mukaisesti lukemattomat ihmiset ovat saaneet Jumalalta vastauksia rukouksiinsa ja he ovat todistaneet elävästä Jumalasta ja Herrasta Jeesuksesta Kristuksesta Hänen ylösnousemuksensa ja taivaaseenastumisensa jälkeen.

Vaan, kun Pyhä Henki tulee teihin, niin te saatte voiman, ja te tulette olemaan minun todistajani sekä

Israel: Jumalan valittu

Jerusalemissa että koko Juudeassa ja Samariassa ja aina maan ääriin saakka (Ap. t. 1:8).

Minä otin Herran vastaan sen jälkeen kun Jumalan voima oli parantanut minut sairauksista joiden suhteen lääketiede oli ollut täysin voimaton. Myöhemmin minut voideltiin Herran Jeesuksen Kristuksen palvelijaksi ja minä olen saarnannut evankeliumia kaikille kansoille ja näyttänyt heille useita merkkejä ja ihmeitä.

Ylläolevan jakeen lupauksen mukaisesti useat ihmiset ovat tulleet Jumalan lapsiksi Pyhän Hengen saamisen kautta ja he ovat omistaneet elämänsä Jeesuksen Kristuksen evankeliumin saarnaamiselle Pyhän Hengen voimalla. Tällä tavoin evankeliumi on levinnyt ympäri koko maailmaa ja nykyään lukemattomat ihmiset kohtaavat Jumalan ja ottavat Jeesuksen Kristuksen vastaan.

Menkää kaikkeen maailmaan ja saarnatkaa evankeliumia kaikille luoduille. Joka uskoo ja kastetaan, se pelastuu; mutta joka ei usko, se tuomitaan kadotukseen. Ja nämä merkit seuraavat niitä, jotka uskovat: minun nimessäni he ajavat ulos riivaajia, puhuvat uusilla kielillä, nostavat käsin käärmeitä, ja jos he juovat jotakin kuolettavaa, ei se heitä vahingoita; he panevat kätensä sairasten päälle, ja ne tulevat terveiksi (Mark. 16:15-18).

Pyhän Haudan kirkko Golgatalla, Calvaryn kukkulalla Jerusalemissa

Luku 2

JUMALAN LÄHETTÄMÄ MESSIAS

Jumala lupaa Messiaan

Israel on menettänyt itsenäisyytensä moneen otteeseen ja se on joutunut kärsimään Persian ja Rooman kaltaisten vieraiden valtojen hyökkäyksistä. Profeettojensa kautta Jumala teki useita Israelin Kuninkaaksi saapuvaa Messiasta koskevia lupauksia. Mikään ei voinut olla suurempi toivon lähde kärsiville israelilaisille kuin nämä Jumalan lupaukset Messiaasta.

Sillä lapsi on meille syntynyt, poika on meille annettu, jonka hartioilla on herraus, ja hänen nimensä on: Ihmeellinen neuvonantaja, Väkevä Jumala, Iankaikkinen isä, Rauhanruhtinas. Herraus on oleva suuri ja rauha loppumaton Daavidin valtaistuimella ja hänen valtakunnallansa; se perustetaan ja vahvistetaan tuomiolla ja vanhurskaudella nyt ja iankaikkisesti. Herran Sebaotin kiivaus on sen tekevä (Jesaja 9:6-7).

"Katso, päivät tulevat, sanoo Herra," jolloin minä herätän Daavidille vanhurskaan vesan; "hän on hallitseva kuninkaana ja menestyvä, ja hän on tekevä oikeuden ja vanhurskauden maassa. Hänen päivinänsä pelastetaan Juuda ja Israel asuu turvassa. Ja tämä

Jumalan lähettämä Messias

on hänen nimensä, jolla häntä kutsutaan: 'Herra on meidän vanhurskautemme'" (Jeremia 23:5-6).

Iloitse suuresti, tytär Siion, riemuitse, tytär Jerusalem, sillä sinun kuninkaasi tulee sinulle! Vanhurskas ja auttaja hän on, on nöyrä ja ratsastaa aasilla, aasintamman varsalla. Ja minä hävitän vaunut Efraimista ja hevoset Jerusalemista. Sodan jousi hävitetään, ja hän julistaa rauhan kansoille. Ja hänen hallituksensa ulottuu merestä mereen, Eufrat-virrasta hamaan maan ääriin (Sakarja 9:9-10).

Israel on odottanut Messiasta malttamattomana tähän päivään saakka. Mikä viivyttää Israelin niin malttamattomasti odottavan ja toivovan Messiaan paluuta? Monet juutalaiset etsivät vastausta tähän kysymykseen mutta tämä vastaus löytyy siitä tosiseikasta että he eivät tiedä että Messias on jo saapunut.

Messias Jeesus kärsi Jesajan profetian mukaisesti

Jumalan Israelille lupaama Messias joka todellakin saapui on Jeesus. Jeesus syntyi Juudean Beetlehemissä noin 2000 vuotta sitten, ja oikean hetken saapuessa Jeesus kuoli ristillä, nousi kuolleista ja avasi tien pelastukseen koko ihmiskunnalle. Hänen aikanaan eläneet juutalaiset eivät kuitenkaan tunnustaneet Jeesusta heidän odottamakseen Messiaaksi. Tämä johtui siitä että Jeesus näytti täysin erilaiselta kuin miltä he olivat kuvitelleet että Hän tulisi näyttämään.

Juutalaiset olivat väsyneet pitkiin ajanjaksoihin vieraiden valtioiden alaisena ja he odottivat että voimakas Messias tulisi vapauttamaan heidät tästä poliittisesta pinteestä. He kuvittelivat että Messias saapuisi Israelin Kuninkaana, lopettaisi kaikki sodat, vapauttaisi heidät vainosta ja sorrosta, antaisi heille todellisen rauhan ja nostaisi heidät muiden kansojen yläpuolelle.

Jeesus ei kuitenkaan saapunut tähän maailmaan täynnä loistoa ja kuninkaallista säihkettä vaan Hän syntyi köyhän puusepän pojaksi. Hän ei saapunut edes vapauttamaan Israelia Rooman sortovallasta tai palauttamaan sille sen mennyttä loistoa. Hän saapui tähän maailmaan pelastaakseen Aatamin synnin päivistä lähtien tuhoontuomitun ihmiskunnan ja tehdäkseen ihmisistä Jumalan lapsia.

Näiden syiden tähden juutalaiset eivät tunnustaneet Jeesusta Messiaaksi vaan sen sijaan naulitsivat Hänet ristille. Me voimme kuitenkin vain todeta Jeesuksen todellakin olleen Messias jos me tutkiskelemme Raamattuun kirjattua Messiaan kuvaa.

Hän kasvoi Herran edessä niinkuin vesa, niinkuin juuri kuivasta maasta. Ei ollut hänellä vartta eikä kauneutta; me näimme hänet, mutta ei ollut hänellä muotoa, johon me olisimme mielistyneet. Hän oli ylenkatsottu, ihmisten hylkäämä, kipujen mies ja sairauden tuttava, jota näkemästä kaikki kasvonsa peittivät, halveksittu, jota emme minäkään pitäneet

61

(Jesaja 53:2-3).

Jumala sanoi israelilaisille että Messias, Israelin Kuningas, ei olisi majesteettisen oloinen tai näköinen vetääkseen meitä puoleensa vaan että sen sijaan Hän tulisi olemaan hyljeksitty ja ihmisten hylkäämä. Silti israelilaiset eivät tunnistaneet Jeesusta Jumalan heille lupaamaksi Messiaaksi.

Hän oli Jumalan valittujen israelilaisten hyljeksimä ja hylkäämä mutta Jumala asetti Jeesuksen Kristuksen kaikkien kansakuntien yläpuolelle ja lukemattomat ihmiset ovat ottaneet Hänet tähän päivään mennessä pelastajakseen. Psalmi 118:22-23 sanoo: *"Se kivi, jonka rakentajat hylkäsivät, on tullut kulmakiveksi. Herralta tämä on tullut; se on ihmeellistä meidän silmissämme."* Ihmiskunnan pelastuksen taivaallinen suunnitelma on täyttynyt Israelin hylkäämän Jeesuksen kautta.

Jeesus ei muistuttanut ulkonäöltään Israelin kansan odottamaa Messiasta, mutta me voimme ymmärtää että Jeesus on tämä Messias josta Jumala profetoi Hänen profeettojensa kautta.

Kaikki Jumalan meille Messiaan kautta kuuluvat asiat kunnia, rauha ja arvonpalautus mukaanlukien kuuluu hengelliseen maailmaan ja tähän maailmaan Messiaan tehtävän täyttämään saapunut Jeesus sanoi: *"Minun kuninkuuteni ei ole tästä maailmasta"* (Joh. 18:36). Jumalan profetoima Messias ei ollut maallista valtaa ja kunniaa omaava kuningas. Messias ei ollut tuleva tähän maailmaan jotta Jumalan lapset voisivat nauttia vauraudesta, maineesta ja kunniasta heidän väliaikaisten elämiensä aikana tässä maailmassa. Hän oli tuleva pelastaakseen Hänen lapsensa synneistään ja johdattaakseen heidät nauttimaan ikuisesta ilosta ja kunniasta taivaassa ikuisesti ja ainiaasti.

Sinä päivänä pakanat etsivät Iisain juurta, joka on kansojen lippuna, ja hänen asumuksensa on oleva kunniata (Jesaja 11:10).

Luvattu Messias ei ollut tuleva ainoastaan Jumalan valituille, Israelin kansalle, vaan Hän oli myös täyttävä lupauksen pelastuksesta kaikille jotka hyväksyvät uskossa Jumalan lupauksen Messiaasta, seuraten siten Aabrahamin uskon jalanjäljissä. Toisin sanoen Messias oli saapuva täyttämään Jumalan lupauksen pelastuksesta kaikkien ihmiskunnan kansojen Pelastajana.

Tarve Ihmiskunnan Pelastajalle

Miksi Messias saapui tähän maailmaan pelastaakseen Israelin valitun kansan lisäksi myös koko muun ihmiskunnan?

Jumala siunasi Aatamia ja Eevaa ja sanoi heille Genesiksen jakeessa 1:28 seuraavasti: *"Olkaa hedelmälliset ja lisääntykää ja täyttäkää maa ja tehkää se itsellenne alamaiseksi; ja vallitkaa meren kalat ja taivaan linnut ja kaikki maan päällä liikkuvat."* Luotuaan ensimmäisen ihmisen, Aatamin, ja tehtyään hänestä kaikkien muiden olentojen valtiaan Jumala antoi ihmiselle vallan "alistaa" ja "vallita" maata. Aatami kuitenkin söi hyvän- ja pahantiedon puusta vaikka Jumala oli erityisesti kieltänyt häntä tekemästä tätä, ja siten hän teki syntiä niskoittelemalla Häntä kohtaan Saatanan usuttaman käärmeen johdosta. Tämän johdosta Aatami ei voinut enää nauttia Jumalan hänelle antamasta vallasta.

Aatami ja Eeva olivat vanhurskauden orjia noudattaessaan Jumalan vanhurskautta, ja siten he nauttivat Hänen heille antamastaan vallasta. Tehtyään kuitenkin syntiä heistä tuli synnin ja paholaisen orjia ja he joutuivat luopumaan tästä vallasta (Roomalaiskirje 6:16). Joten kaikki Jumalan Aatamille antama valta annettiin siten paholaiselle.

Luukaksen luvussa 4 paholais-vihollinen yritti houkutella juuri 40 päivän paaston päättänyttä Jeesusta kolme kertaa. Paholainen näytti Jeesukselle kaikki maailman valtakunnat ja sanoi Hänelle: *"Sinulle minä annan kaiken tämän valtapiirin ja sen loiston, sillä minun haltuuni se on annettu, ja minä annan sen, kenelle tahdon. Jos sinä siis kumarrut minun eteeni, niin tämä kaikki on oleva sinun"* (Luukas 4:6-7). Paholainen viittasi sanoillaan, että "valtapiiri ja sen loisto" "annettiin minun haltuuni" Aatamilta, ja että paholainen voi puolestaan antaa sen jollekulle toiselle.

Aatami siis menetti kaiken vallan ja luovutti sen paholaiselle ja tämän johdosta hänestä tuli paholaisen orja. Siitä lähtien Aatami lisäsi syntiä synnin päälle paholaisen hallinnassa ja hän kulkeutui kuoleman tielle. Tämä on synnin palkka. Tämä ei päättynyt Aatamiin vaan se kulkeutui kaikkiin hänen jälkeläisiinsä jotka olivat perivä hänen perisyntinsä perinnöllisten vaikutusten kautta. Heidät myös asetettiin synnin vallan alle jota Saatana ja paholainen hallitsivat ja he olivat matkalla kohti kuolemaa. Tästä syystä Messiaan saapuminen oli välttämätöntä. Jumalan valitun Israelin kansan lisäksi myös kaikki muut maailman kansat tarvitsivat Messiasta joka voisi pelastaa heidät paholaisen ja Saatanan vallasta.

Messiaan vaatimukset

Samalla tavalla kuin tässä maailmassa on lakeja niin myös hengellisessä maailmassa on erilaisia sääntöjä ja säännöksiä. Lankeaako henkilö kuolemaan vai saako hän syntinsä anteeksi ja tulee pelastetuksi riippuu hengellisen maailman laeista.

Mitä henkilöltä sitten vaaditaan jotta hänestä voi tulla koko ihmiskunnan Lain kiroukselta pelastava Messias? Messiaalta vaadittavia piirteitä käsittelevä kohta löytyy Jumalan Hänen valituilleen antamasta Laista. Tämä laki koski maan lunastusta.

Älköön maata ainaiseksi myytäkö, sillä maa on minun ja te olette muukalaisia ja vieraita minun luonani. Ja kaikessa siinä maassa, jonka te saatte perintömaaksenne, antakaa oikeus maan sukulunastamiseen. Jos veljesi köyhtyy ja myy perintömaatansa, niin hänen lähin sukulunastajansa tulkoon ja lunastakoon sen, mitä hänen veljensä on myynyt (3. Moos. 25:23-25).

Maan lunastusta koskeva laki sisältää Messiaalta vaadittavia piirteitä koskevia salaisuuksia

Jumalan valitsema Israelin kansa noudatti lakia. Joten kun he myivät tai ostivat maata he noudattivat tunnollisesti Raamattuun kirjattua maan lunastuksen lakia. Toisin kuin muissa maissa vallitsevat maalait, tämä Israelin laki teki selväksi jo sopimusvaiheessa että maata ei saanut myydä pysyvästi ja että se saatettiin ostaa myöhemmin takaisin. Lain mukaan varakas sukulainen saattoi lunastaa maan myyneen perheenjäsenen maan. Vaikka henkilöllä ei ollut varakkaita sukulaisia tämä laki salli että maan alkuperäinen omistaja saattoi lunastaa sen takaisin itselleen jos hän kykeni keräämään tarvittavan summan rahaa.

Kuinka Mooseksen kolmannen kirjan maan lunastuksen laki sitten liittyy Messiaalta vaadittaviin piirteisiin?

Voidaksemme ymmärtää tätä paremmin meidän tulee muistaa että ihminen on luotu maan tomusta. Genesiksen jakeessa 3:19 Jumala sanoi Aatamille: *"Otsasi hiessä sinun pitää syömän leipäsi, kunnes tulet maaksi jälleen, sillä siitä sinä olet otettu. Sillä maasta sinä olet, ja maaksi pitää sinun jälleen tuleman."* Genesis 2:23 taas sanoo: *"Niin Herra Jumala ajoi hänet pois Eedenin paratiisista viljelemään maata, josta hän oli otettu."*

Jumala sanoi Aatamille: "sillä maasta sinä olet" ja "maa" merkitsee hengellisesti sitä että ihminen on tehty maan tomusta. Joten maan lunastuksen laki joka koskee maan myymistä ja ostamista on suorassa yhteydessä hengellisen maailman lakiin joka liittyy ihmiskunnan pelastukseen. Maan lunastuksen lain mukaan Jumala omistaa kaiken maan eikä ihminen voi siis siten myydä sitä lopullisesti. Samalla tavalla Aatamin Jumalalta saama alkuperäinen valta kuului Jumalalle eikä kukaan voinut siten myydä sitä pysyvästi. Jos henkilö köyhtyi ja myi maansa nämä maat olivat lunastettavissa oikean henkilön ilmaantuessa. Samalla tavalla paholaisen täytyi luovuttaa sen Aatamilta saamansa valta kun henkilö joka saattoi lunastaa tämän vallan ilmaantui.

Maan lunastuksen lakiin perustuen rakkauden Jumala valmisti yksilön joka saattoi ottaa haltuunsa Aatamin paholaiselle luovuttaman vallan. Tämä yksilö on Messias, ja tämä Messias on Jeesus Kristus joka valmistettiin ennen aikojen alkua ja jonka itse Jumala lähetti tähän maahan.

Pelastajalta vaadittavat piirteet ja kuinka Jeesus Kristus täyttää nämä vaatimukset

Tutkikaamme seuraavaksi miksi Jeesus on maan lunastuksen mukaan koko ihmiskunnan Messias ja Pelastaja.

Ensinnäkin, maan lunastajan täytyy olla sukulaismies ja samoin Pelastajan täytyy olla ihminen voidakseen lunastaa ihmiskunta sen synneistä sillä ihmiskunnasta tuli syntisiä ensimmäisen ihmisen Aatamin synnin kautta. 3. Moos. 25:25 sanoo meille: *"Jos veljesi köyhtyy ja myy perintömaatansa, niin hänen lähin sukulunastajansa tulkoon ja lunastakoon sen, mitä hänen veljensä on myynyt.*" Jos henkilö ei pystynyt enää pitämään kiinni maastaan ja joutui myymään sen hänen lähin sukulaismiehensä saattoi ostaa maan takaisin. Samalla tavalla koska ensimmäinen mies Aatami teki syntiä ja joutui sen tähden luovuttamaan Jumalan hänelle antaman vallan paholaiselle, tämän paholaiselle luovutetun vallan lunastus voi, ja sen täytyy tulla, ihmisen tekemäksi, Aatamin "sukulaismiehen."

1. Korinttolaiskirje 15:21 kuuluu seuraavasti: *"Sillä koska kuolema on tullut ihmisen kautta, niin on myöskin kuolleitten ylösnousemus tullut ihmisen kautta."* Täten Raamattu vahvistaa meille että syntisten lunastuksen voi suorittaa vain ihminen, eivät enkelit tai pedot. Ihmiskunta ajautui kuoleman polulle Aatamin syntien tähden ja jonkun toisen täytyi lunastaa heidät heidän synneistään. Vain Aatamin "lähin sukulaismies" pystyi tekemään tämän.

Jeesus omasi ihmisluonteen ja Jumalan Poikana myös taivaallisen luonteen. Hän kuitenkin syntyi ihmiseksi voidakseen lunastaa ihmiskunnan sen synneistä (Joh. 1:14) ja kokeakseen kasvua. Ihmisen hahmossa Jeesus nukkui ja kärsi janosta ja nälästä sekä ilosta ja surusta. Ollessaan ristillä Jeesus vuosi verta ja tunsi kipua.

Jopa historiallisesti löytyy kieltämättömiä todisteita siitä että Jeesus todellakin saapui tähän maailmaan ihmisenä. Maailman historia on jaetti kahteen osaan Jeesuksen syntymähetken mukaan: "B.C." tai "eKr." sekä "A.D." tai "jKr." "Before Christ" tai "ennen Kristusta" viittaa aikaan ennen Jeesuksen syntymää ja "Anno Domini" (lat. Jumalan vuonna) tai "jälkeen Kristuksen" viittaa Jeesuksen syntymän jälkeiseen aikaan. Joten Jeesus täyttää ensimmäisen Pelastajalta vaaditun piirteen sillä Hän saapui tähän maailmaan ihmisenä.

Toiseksi, maan lunastaja ei voinut lunastaa maata jos hänellä ei ollut tähän tarpeeksi varoja, ja samalla tavalla Aatamin jälkeläinen ei voi lunastaa ihmiskunnan syntejä sillä Aatamin tehtyä syntiä kaikki hänen jälkeläisensä ovat perisynnin tahraamia. Koko ihmiskunnan Pelastaja ei voi olla Aatamin jälkeläinen. Veli joka tahtoo maksaa sisarensa velat ei voi itse olla velkaa. Samalla tavalla toiset synneistä lunastavan henkilön täytyy itse olla synnitön. Syntinen lunastaja löytää itsensä synnin orjana. Kuinka hän voisi sitten lunastaa muut heidän synneistään? Aatamin tehtyä syntiä niskoittelemalla Jumalaa vastaan kaikki hänen jälkeläisensä ovat syntyneet perisynnin tahraamina. Joten yksikään Aatamin jälkeläisistä ei voi koskaan olla Pelastaja.

Lihallisesti sanottuna Jeesus on Daavidin jälkeläinen ja Hänen vanhempansa ovat Joosef ja Maria. Matteus 1:20 kuitenkin sanoo seuraavasti: *"sillä se, mikä hänessä on siinnyt, on Pyhästä Hengestä."*

Jokainen henkilö joka syntyy on perisynnin tahraama siitä syystä, että hän perii vanhempiensa syntiset piirteet isänsä siittiön ja äitinsä munasolun kautta. Jeesus ei kuitenkaan

70

syntynyt Joosefin siittiön tai Marian munasolun hedelmöityksen tuloksena vaan Pyhän Hengen voiman kautta. Tämä johtui siitä että Maria tuli raskaaksi ennen kuin hän ehti nukkua yhdessä Joosefin kanssa. Kaikkivaltias Jumala voi hedelmöittää lapsen Pyhän Hengen voimalla ilman että munasolun ja siittiön tarvitsee kohdata. Jeesus vain "lainasi" neitsyt Marian kehoa. Jeesus oli Pyhän Hengen voiman hedelmöittämä ja tämän tähden Hän ei perinyt syntisiä piirteitä vanhemmiltaan. Jeesus ei ole Aatamin jälkeläinen eikä Hän ole perisynnin tahraama, ja siten Hän omaa myös toisen Pelastajalta vaadittavan piirteen.

Kolmanneksi, maan lunastajan täytyy olla tarpeeksi varakas voidakseen lunastaa maan ja samalla tavalla koko ihmiskunnan Pelastajan täytyy olla tarpeeksi voimakas peitotakseen paholaisen ja pelastaakseen ihmiskunnan siltä.

2. Moos. 25:26-7 sanoo: *"Mutta jos jollakin ei ole sukulunastajaa, mutta hän itse voi hankkia niin paljon, kuin lunastukseen tarvitaan, niin laskekoon, kuinka monta vuotta on kulunut myymisestä, ja maksakoon jäljellä olevasta ajasta miehelle, jolle hän myi, ja palatkoon perintömaallensa."* Toisin sanoen, maan takaisin ostavan henkilön täytyy omata "niin paljon" kuin ostamiseen tarvitaan.

Sotavankien pelastamiseksi toisen osapuolen täytyy olla tarpeeksi vahva vihollisen päihittämiseen, ja velan takaisin maksavan henkilön täytyy omata tarpeeksi varallisuutta tämän tekemiseen. Samalla tavalla koko ihmiskunnan pelastaminen paholaiselta vaatii, että Pelastaja omaa tarpeeksi voimaa paholaisen päihittämiseen voidakseen pelastaa nämä sielut.

Ennen syntinsä tekemistä Aatami omasi vallan hallita kaikkia eläviä olentoja, mutta tehtyään syntiä Aatamista tuli paholaisen vallan alamainen. Tästä me voimme ymmärtää että valta paholaisen päihittämiseen tulee synnittömyydestä.

Jumalan Poika Jeesus oli täysin ilman syntiä. Jeesus oli Pyhän Hengen hedelmöittämä eikä Hän ollut Aatamin jälkeläinen, ja siten Hän ei myöskään ollut perisynnin tahraama. Hän myös noudatti Jumalan Lakia koko elämänsä ajan ja siten Hän ei tehnyt lainkaan syntiä elämänsä aikana. Tästä syystä apostoli Pietari sanoi Jeesuksesta seuraavanlaisesti: *"ei syntiä tehnyt ja jonka suussa ei petosta ollut, joka häntä herjattaessa ei herjannut takaisin, joka kärsiessään ei uhannut, vaan jätti asiansa sen haltuun, joka oikein tuomitsee"* (1. Piet. 2:22-23).

Jeesus oli täysin synnitön ja siten Hänellä oli voimaa ja valtaa päihittää paholainen ja Hän oli tarpeeksi voimakas pelastamaan ihmiskunnan paholaisen kynsistä. Hänen lukemattomat ihmeelliset merkit ja ihmeet todistavat tästä voimasta. Jeesus paransi sairaita, ajoi ulos demoneja, antoi sokeille näön ja kuuroille kuulon ja antoi rampojen kävellä. Jeesus jopa rauhoitti raivoavat vedet ja herätti kuolleita.

Jeesuksen ylösnousemus vahvisti epäilyttä että Hän oli täysin synnitön. Hengellisen maailman lain mukaan syntisten on kohdattava kuolema (Room. 6:23). Jeesus oli kuitenkin synnitön, ja niin Hän ei ollut kuoleman vallan alainen. Hän päästi viimeisen henkäyksensä ristillä ja Hänen ruumiinsa haudattiin hautaholviin mutta kolmantena päivänä Hän nousi kuolleista.

Pidä mielessäsi että sellaiset suuret uskon esi-isät kuten Eenok ja Elia nostettiin myös suoraan elävänä taivaaseen kuolemaa kokematta sillä he olivat täysin synnittömiä ja he olivat tulleet pyhittyneiksi. Samalla tavalla kolme päivää sen jälkeen kun Jeesus oli haudattu Hän murskasi paholaisen ja Saatanan vallan ylösnousemuksensa kautta ja tuli koko ihmiskunnan Pelastajaksi.

Neljänneksi, maan lunastajan täytyy tuntea rakkautta lunastaakseen sukulaisensa maan, ja samalla tavalla ihmiskunnan Pelastajan täytyy omata rakkautta jonka tähden Hän voi antaa oman elämänsä muiden puolesta.

Pelastaja ei voi tulla koko ihmiskunnan pelastajaksi vaikka Hänellä olisikin kolme aikaisemmin mainittua piirrettä jos Hän ei omaa rakkautta. Kuvittele, että veljellä on 100 000 $ velkaa kun taas hänen sisarensa on monimiljonääri. Ilman rakkautta tämä sisar ei voisi maksaa veljensä velkoja takaisin ja hänen suunnattomalla omaisuudella ei siten olisi mitään väliä hänen veljelleen.

Jeesus tuli tähän maailmaan ihmishahmossa eikä Hän ollut Aatamin jälkeläinen. Hän omasi voiman päihittää paholainen ja pelastaa ihmiskunnan sen kynsistä sillä Hän oli täysin synnitön. Jeesus ei olisi kuitenkaan lunastanut maailman syntejä jos Hänessä ei olisi ollut rakkautta. Se että "Jeesus lunasti ihmiskunnan sen synneistä" tarkoittaa sitä että Hän sai osakseen kuoleman rangaistuksen heidän puolestaan. Voidakseen lunastaa ihmiskunnan synnit Jeesuksen täytyi tulla ristiinnaulituksi yhtenä maailman pahimpana syntisenä, kärsiä kaikenlaista pilkkaa ja halveksuntaa sekä kärsiä janon ja verenhukan kuolema. Jeesuksen ihmiskuntaa kohtaan tuntema rakkaus oli kuitenkin niin palavaa että Hän oli valmis lunastamaan sen synnit itsestään piittaamatta ristinkuoleman kautta.

Miksi Jeesuksen täytyi sitten tulla ristiinnaulituksi ja kuolla verta vuotaen? Viides Mooseksen kirja 21:23 kertoo meille että *"Jumalan kiroama on se, joka on hirteen [puuhun] ripustettu,"* ja hengellisen lain mukaisesti joka sanoo että "synnin palkka on kuolema" Jeesus naulittiin puuhun jotta Hän voisi lunastaa koko ihmiskunnan synnin kirouksesta johon se sidottu.

Lisäksi kolmas Mooseksen kirja 17:11 sanoo seuraavasti: *"Sillä lihan sielu on veressä, ja minä olen sen teille antanut alttarille, että se tuottaisi teille sovituksen; sillä veri tuottaa sovituksen, koska sielu on siinä."* Tämän mukaisesti syntejä ei anneta anteeksi ilman veren vuodatusta.

Tämä sama Mooseksen kirja mainitsee että eläinten veren sijasta Jumalalle voidaan uhrata myös jauhoja. Tämä oli kuitenkin tarkoitettu niille joilla ei ollut varaa eläimiin. Tämä ei ollut senkaltainen veriuhri joka miellytti Jumalaa. Jeesus lunasti meidät synneistämme tulemalla ristiinnaulituksi puuhun ja kuolemalla siinä verenvuotoon.

Kuinka ihmeellistä Jeesuksen rakkaus onkaan ollut kun Hän

vuodatti verensä ristillä ja avasi pelastuksen oven kaikille niille jotka pilkkasivat ja ristiinnaulitsivat Hänet siitä huolimatta että Hän paransi ihmisiä kaikenlaisista sairauksista, rikkoi pahuuden siteet ja teki ainoastaan hyvää! Maan lunastuksen lakiin perustuen me voimme päätellä että vain Jeesus täyttää ihmiskunnan sen synneiltä pelastavalta Pelastajalta vaadittavat vaatimukset.

Ennen aikojen alkua valmistettu tie ihmiskunnan pelastukseen

Tie ihmiskunnan pelastukseen aukeni kun Jeesus kuoli ristillä ja nousi taivaaseen kolmantena päivänä murskaten näin kuoleman vallan. Se että Jeesus oli tuleva tähän maailmaan täyttämään pelastusta koskevan taivaallisen suunnitelman ja olemaan Messias oli ennustettu jo sinä hetkenä kun Aatami teki syntiä.

Genesiksen jakeessa 3:15 Jumala sanoi naista houkutelleelle käärmeelle seuraavasti: *"Ja minä panen vainon sinun ja vaimon välille ja sinun siemenesi ja hänen siemenensä välille; se on polkeva rikki sinun pääsi, ja sinä olet pistävä sitä kantapäähän."* Tässä "naisella" symboloi hengellisesti Jumalan valittua Israelia ja "käärme" viittaa Jumalaa vastustavaan paholais-viholliseen ja Saatanaan. Se että "naisen" siemen "polkee käärmeen pään rikki" tarkoittaa sitä että ihmiskunnan Pelastaja tulee Israelin kansan joukosta ja päihittää paholais-vihollisen kuoleman vallan.

75

Käärmeestä tulee vaaraton kun sen pää vahingoittuu. Samalla tavalla kun Jumala profetoi käärmeelle että naisen siemen tulee polkemaan käärmeen pään rikki Hän ennusti että Kristus tulisi syntymään ihmiskunnalle Israelissa ja että Hän tulisi tuhoamaan paholais-vihollisen ja Saatanan vallan ja pelastamaan niiden vallan alla olevat syntiset.

Paholainen tuli tästä tietoiseksi ja tämän tähden sen yritti tappaa naisen sydämen ennen kuin Hän pystyi vahingoittamaan sen päätä. Paholainen uskoi että tappamalla tällä tavalla naisen siemenen se pystyisi nauttimaan ikuisesti niskoittelevan Aatamin sille luovuttamasta vallasta. Paholais-vihollinen ei kuitenkaan tiennyt kuka tämä naisen siemen tulisi olemaan ja niin se alkoi jo Vanhan testamentin ajoista lähtien tehdä juonia tappaakseen Jumalan uskollisia ja rakastettuja profeettoja.

Mooseksen syntyessä vihollisemme paholainen usutti Egyptin faaraon tappamaan kaikki israelilaisista naisista syntyneet poikalapset (Exodus 1:15-22), ja Jeesuksen syntyessä tähän maailmaan lihaksi paholainen sai kuningas Herodeksen tappamaan kaikki Beetlehemissä ja sen lähistöllä olevat poikalapset jotka olivat alle kaksi vuotta vanhoja. Tästä syystä Jumala johdatti Jeesuksen perhettä ja Hän johdatti heidät pakenemaan Egyptiin.

Myöhemmin Jeesus kasvoi itsensä Jumalan ohjaamana, ja Hän aloitti julkisen elämänsä 30 vuoden iässä. Jumalan tahdon mukaisesti Jeesus kulki koko Galilean halki opettaen heidän synagoogissaan ja parantaen ihmisten kärsimiä kaikenlaisia tauteja ja sairauksia sekä herättäen kuolleita. Hän myös saarnasi taivaan kuningaskunnan evankeliumia köyhille.

Paholainen ja Saatana houkutteli pääpappeja, kirjanoppineita sekä fariseuksia ja alkoi punoa juonia tappaakseen Jeesuksen heidän kauttaan. Pahan omat eivät voineet kuitenkaan edes koskea Jeesukseen ennen kuin Jumalan koittama hetki lopulta koitti. Vasta sitten kun Jeesuksen kolme vuotta kestänyt julkinen elämä alkoi lähestyä loppuaan Jumala salli heidän pidättää ja ristiinnaulita Jeesuksen täyttääkseen ihmiskunnan pelastuksen suunnitelman Jeesuksen ristiinnaulitsemisen kautta.

Rooman kuvernööri Pontius Pilatus antoi juutalaisten painostukselle periksi ja tuomitsi Jeesuksen ristiinnaulittavaksi, ja siten roomalaiset sotilaat kruunasivat Jeesuksen piikkikruunulla ja naulitsivat Hänen kätensä ja jalkansa ristille.

Ristiinnaulitseminen oli yksi julmimmista tavoista jolla rikollinen voitiin teloittaa. Kuinka paholaisen onkaan täytynyt iloita kun sen onnistui saada pahat ihmiset tappamaan Jeesuksen tällä julmalla tavalla! Se kuvitteli että kukaan tai mikään ei voisi enää estää sitä hallitsemasta maailmaa, ja se lauloi ja tanssi riemusta. Tämä oli kaikki kuitenkin Jumalan suunnitelman mukaista.

Vaan me puhumme salattua Jumalan viisautta, sitä kätkettyä, jonka Jumala on edeltämäärännyt ennen maailmanaikoja meidän kirkkaudeksemme, sitä, jota ei kukaan tämän maailman valtiaista ole tuntenut-sillä jos he olisivat sen tunteneet, eivät he olisi kirkkauden Herraa ristiinnaulinneet (1. Korinttolaiskirje 2:7-8).

Jumala on oikeudenmukainen ja tämän tähden Hän ei käytä valtaansa absoluuttisesti laeista välittämättä vaan tekee kaiken hengellisen maailman lakien mukaisesti. Joten Hän valmisti ihmiskunnan pelastuksen tien ennen aikojen alkua Jumalan lakien mukaisesti. Hengellisen maailman laki sanoo että "synnin palkka on kuolema" (Room. 6:23). Joten jos henkilö ei tee syntiä hänen ei tarvitse kuolla. Paholainen kuitenkin ristiinnaulitsi synnittömän, tahrattoman ja syyttömän Jeesuksen. Täten paholainen rikkoi hengellisen maailman lakia ja sen täytyi maksaa tästä luovuttamalla pois vallan jonka Aatami oli sille luovuttanut tehtyään syntiä Jumalaa vastaan. Toisin sanoen, paholaisen täytyi nyt päästää vallastaan kaikki jotka ottaisivat Jeesuksen vastaan Pelastajakseen ja jotka uskoisivat Hänen nimeensä.

Paholais-vihollinen ei olisi ristiinnaulinnut Jeesusta jos se olisi ollut tietoinen tästä Jumalan viisaudesta. Se ei kuitenkaan ollut tästä salaisuudesta tietoinen ja niin se tapatti synnittömän Jeesuksen, uskoen vakaasti että tämä takaisi sen vallan ikuisiksi ajoiksi. Todellisuudessa paholainen lankesi omaan ansaansa ja päätyi itse rikkomaan hengellisen maailman lakia. Kuinka mahtavaa Jumalan viisaus onkaan!

Itseasiassa paholais-vihollisesta tuli instrumentti Jumalan ihmiskunnan pelastuksen suunnitelman toteuttamiseksi ja Genesiksen ennustuksen mukaisesti naisen siemen "polki" sen pääm "rikki."

Jumalan johdatuksen ja viisauden tähden synnitön Jeesus kuoli lunastaakseen koko ihmiskunnan sen synneistä. Nousemalla kolmantena päivänä kuolleista Hän murskasi paholais-vihollisen kuoleman vallan ja tuli kuninkaiden Kuninkaaksi ja herrain Herraksi. Hän avasi tien pelastukseen jotta me voimme kaikki tulla vanhurskaiksi uskomme Jeesukseen Kristukseen kautta.

Tämän ansiosta lukemattomat ihmiset kautta ihmiskunnan historian ovat tulleet pelastetuiksi uskonsa Jeesukseen Kristukseen kautta ja nykyään yhä useammat ja useammat ottavat Herran Jeesuksen Kristuksen vastaan.

Pyhän Hengen saaminen uskon Jeesukseen Kristukseen kautta

Miksi me saamme osaksemme pelastuksen kun me uskomme Jeesukseen Kristukseen? Hyväksyttyämme Hänet Pelastajaksemme me saamme Jumalalta Pyhän Hengen. Saadessamme Pyhän Hengen meidän kuolleena ollut henkemme virkoaa henkiin. Pyhä Henki on Jumalan voima ja sydän ja siten se johdattaa Jumalan lapset totuuteen ja auttaa heitä elämään Jumalan tahdon mukaisesti.

Joten ihmiset jotka todella uskovat että Jeesus Kristus on heidän Pelastajansa tulevat seuraamaan Pyhän Hengen toiveita ja he yrittävät elää Jumalan sanan mukaisesti. He heittävät pois itsestään kaikenlaisen vihan, kiivauden, kateuden, mustasukkaisuuden, muiden tuomitsemisen ja arvostelemisen

Jumalan lähettämä Messias

sekä haureuden ja tämän sijaan he kulkevat hyvyydessä ja totuudessa ja ymmärtävät, palvelevat ja rakastavat toisiaan.

Olemme jo maininneet aikaisemmin kuinka ihmisen henki kuoli ja kuinka hän ajautui tuhoon johtavalle polulle kun ensimmäinen ihminen Aatami teki syntiä syömällä hyvän- ja pahantiedon puusta. Saadessamme kuitenkin Pyhän Hengen omaksemme meidän kuolleet sielumme virkoavat ja mitä enemmän me seuraamme Pyhän Hengen tahtoa ja kuljemme Jumalan totuuden sanassa sitä suuremmassa määrin me muutumme hiljalleen totuuden ihmisiksi ja me löydämme uudelleen Jumalan kadonneet kasvot.

Kulkiessamme Jumalan totuuden sanassa meidän uskomme tunnustetaan "aidoksi uskoksi" ja me saamme osaksemme pelastuksen sen johdosta että Jeesuksen veri puhdistaa syntimme meidän uskon tekojemme mukaisesti. Tästä syystä 1. Joh 1:7 sanoo seuraavasti: *"Mutta jos me valkeudessa vaellamme, niinkuin hän on valkeudessa, niin meillä on yhteys keskenämme, ja Jeesuksen Kristuksen, hänen Poikansa, veri puhdistaa meidät kaikesta synnistä."*

Tällä tavoin me saavutamme pelastuksen uskon kautta saatuamme syntimme anteeksi. Jos me kuitenkin kuljemme synnissä siitä huolimatta että me tunnustamme uskoamme meidän tunnustuksemme on valhetta, ja siten Herramme Jeesuksen Kristuksen veri ei voi puhdistaa meitä synneistämme eikä Hän voi taata meille meidän pelastustamme.

Tietenkin on kuitenkin eri asia jos me olemme juuri ottaneet Jeesuksen Kristuksen vastaan. Vaikka tällainen henkilö ei vielä kulkisikaan totuudessa Jumala silti tutkii hänen sydämensä, uskoo että he tulevat muuttumaan ja johdattaa heidät pelastukseen kun he yrittävät marssia kohti taivasta.

Jeesus täyttää profetiat

Jumalan profeettojen kautta profetoima Messiaasta kertova sana täyttyi Jeesuksen kautta. Joka ikinen Jeesuksen elämän osa-alue aina Hänen syntymästään ja julkisesta elämästään aina Hänen kuolemaansa, ristiinnaulitsemiseensa ja ylösnousemukseensa saakka oli Jumalan Häntä varten tekemän suunnitelman mukainen, minkä kautta Jumala teki Hänestä Messiaan ja koko ihmiskunnan Pelastajan.

Jeesus syntyi neitsyestä Beetlehemissä

Jumala ennusti Jeesuksen syntymän profeetta Jesajan kautta. Jumalan valitsemana ajankohtana kaikkein korkeimman Jumalan voima laskeutui puhtaaseen Maria-nimiseen naiseen Galilean Nasaretissa, ja pian hän oli raskaana.

Herra itse antaa teille merkin: Katso, neitsyt tulee raskaaksi ja synnyttää pojan ja antaa hänelle nimen Immanuel (Jesaja 7:14).

Jumala lupasi Israelin kansalle että Daavidin suvun kuninkaille ei tule loppua. Hän antoi Messiaan tulla Maria-nimisestä naisesta jonka oli määrä mennä naimisiin Joosefin, Daavidin jälkeläisen, kanssa. Perisynnin saastuttama Aatamin jälkeläinen ei voinut lunastaa ihmiskuntaa sen synneitä, ja tämän tähden Jumala täytti profetian antamalla neitsyt Marian synnyttää Jeesuksen ennen kuin tämä meni Joosefin kanssa naimisiin.

Mutta sinä, Beetlehem Efrata, joka olet vähäinen olemaan Juudan sukujen joukossa, sinusta minulle tulee se, joka on oleva hallitsija Israelissa, jonka alkuperä on muinaisuudesta, iankaikkisista ajoista (Miika 5:2).

Raamattu profetoi että Jeesus oli syntyvä Beetlehemissä ja Jeesus todellakin syntyi Juudean Beetlehemissä kuningas Herodeksen valtakaudella (Matteus 2:1). Historia todistaa tästä tapahtumasta.

Herodes pelkäsi että hänen valtansa oli vaarassa kun Jeesus syntyi ja hän yritti tämän tähden tapattaa Jeesuksen. Hän ei kuitenkaan pystynyt löytämään vauvaa, ja tämän tähden kuningas Herodes tapatti kaikki Beetlehemissä ja sen lähistöllä asuvat alle kaksi-vuotiaat poikalapset. Koko alue oli siten täynnä itkua ja murhetta.

Miksi kuningas olisi uhrannut niin monia lapsia tappaakseen yhden vauvan jos Jeesus ei saapunut tähän maailmaan juutalaisten todellisena kuninkaana? Tämä tragedia tapahtui sen tähden että paholais-vihollinen yritti tappaa Messiaan sen tähden että se pelkäsi menettävänsä valtansa maailmaan ja tämän tähden se sai kruununsa menettämistä pelkäävän kuningas Herodeksen tekemään tämän hirmuteon.

Jeesus todistaa elävästä Jumalasta

Jeesus noudatti Lakia tarkasti 30 vuoden ajan ennen julkisen elämänsä aloittamista. Tultuaan tarpeeksi vanhaksi voidakseen toimia pappina Jeesus alkoi tehdä työtään tullakseen Messiaaksi niinkuin ennen aikojen alkua oli suunniteltu.

Herran, Herran Henki on minun päälläni, sillä hän on voidellut minut julistamaan ilosanomaa nöyrille, lähettänyt minut sitomaan särjettyjä sydämiä, julistamaan vangituille vapautusta ja kahlituille kirvoitusta, julistamaan Herran otollista vuotta ja meidän Jumalamme kostonpäivää, lohduttamaan kaikkia murheellisia, panemaan Siionin murheellisten päähänantamaan heille-juhlapäähineen tuhkan sijaan, iloöljyä murheen sijaan, ylistyksen vaipan masentuneen hengen sijaan; ja heidän nimensä on oleva "vanhurskauden tammet," "Herran istutus," hänen kirkkautensa ilmoitukseksi (Jesaja 61:1-3).

Ylläolevan profetian mukaisesti Jeesus ratkaisi kaikki elämän ongelmat Jumalan voimalla ja Hän lohdutti särjettyjä sydämiä. Jumalan valitseman hetken koittaessa Jeesus meni Jerusalemiin kärsiäkseen kärsimysnäytelmänsä.

Iloitse suuresti, tytär Siion, riemuitse, tytär Jerusalem, sillä sinun kuninkaasi tulee sinulle! Vanhurskas ja auttaja hän on, on nöyrä ja ratsastaa aasilla, aasintamman varsalla (Sakarja 9:9).

Jeesus saapui Jerusalemiin aasintammalla ratsastaen Sakarjan ennustuksen mukaisesti. Väkijoukko huusi *"Hoosianna Daavidin pojalle! Siunattu olkoon hän, joka tulee Herran nimeen. Hoosianna korkeuksissa!"* (Matteus 21:9) ja koko kaupunki oli innostuksen vallassa. Ihmiset iloitsivat tällä tavalla sillä Jeesus oli näyttänyt ihmeellisiä merkkejä ja ihmeitä kävelemällä esimerkiksi vetten päällä ja virvoittamalla kuolleita. Pian väkijoukko kuitenkin pettäisi ja naulitsisi Hänet ristille.

Nähdessään kuinka suuri se väkijoukko oli joka seurasi Jeesusta kuullakseen Hänen sanojaan ja nähdäkseen Hänen tekemiä Jumalan voiman tekoja papit, fariseukset ja kirjanoppineet tunsivat että heidän asemansa yhteiskunnassa oli uhan alla. Vihassaan Jeesusta kohtaan he suunnittelivat Hänen tappamistaan. He tuottivat kaikenlaisia valheellisia todisteita Jeesusta vastaan ja syyttivät Häntä kansankiihotuksesta ja sen pettämisestä. Jeesus teki ihmeellisiä Jumalan voiman tekoja joita Hän ei olisi voinut tehdä ellei Jumala itse olisi ollut Hänen kanssaan, mutta tästä huolimatta he yrittivät hankkiutua Hänestä eroon.

Lopulta eräs Jeesuksen opetuslapsista petti Hänet ja papit maksoivat hänelle 30 hopeapalaa siitä hyvästä että hän auttoi heitä pidättämään Jeesuksen. Sakarjan profetia 30 hopeapalasta täyttyi. *"Niin minä otin ne kolmekymmentä hopearahaa ja viskasin ne Herran huoneeseen savenvalajalle"* (Sakarja 11:12-13).

Myöhemmin Jeesuksen 30 hopeapalasta pettänyt mies ei pystynyt tukahduttamaan syyllisyydentuntoaan ja hän heitti nämä hopeapalat pyhättöön. Papit käyttivät nämä rahat "savenvalajan maan" ostoon (Matteus 27:3-10).

Jeesuksen kärsimys ja kuolema

Profeetta Jesajan profetian mukaisesti Jeesus kärsi pelastaakseen ihmiskunnan. Jeesus saapui tähän maailmaan täyttääkseen Hänen kansansa synneistälunastuksen ennustuksen ja siten Hänet naulittiin kirouksen symbolina toimineelle puiselle ristille missä Hän myös kuoli. Hän oli syytön uhrilahja Jumalalle ihmiskunnan puolesta.

Mutta totisesti, meidän sairautemme hän kantoi, meidän kipumme hän sälytti päällensä. Me pidimme häntä rangaistuna, Jumalan lyömänä ja vaivaamana, mutta hän on haavoitettu meidän rikkomustemme tähden, runneltu meidän pahain tekojemme tähden. Rangaistus oli hänen päällänsä, että meillä rauha olisi, ja hänen haavainsa kautta me olemme paratut. Me vaelsimme kaikki eksyksissä niinkuin lampaat, kukin meistä poikkesi omalle tielleen. Mutta Herra heitti hänen päällensä kaikkien meidän syntivelkamme. Häntä piinattiin, ja hän alistui siihen eikä suutansa avannut; niinkuin karitsa, joka teuraaksi viedään, niinkuin lammas, joka on ääneti keritsijäinsä edessä, niin ei hän suutansa avannut. Ahdistettuna ja tuomittuna hänet otettiin pois, mutta kuka hänen polvikunnastaan sitä ajatteli? Sillä hänet temmattiin pois elävien maasta; minun kansani rikkomuksen tähden kohtasi rangaistus häntä. Hänelle annettiin hauta jumalattomain joukossa; mutta rikkaan tykö hän tuli kuoltuansa, sillä hän ei ollut vääryyttä tehnyt eikä petosta ollut hänen suussansa. Mutta Herra näki hyväksi runnella häntä, lyödä hänet sairaudella. Jos sinä panet hänen sielunsa vikauhriksi, saa hän nähdä jälkeläisiä ja elää kauan, ja Herran tahto toteutuu hänen kauttansa (Jesaja 53:4-10).

Vanhan testamentin aikoina joka kerta kun henkilö teki Jumalaa kohtaan syntiä hän uhrasi Hänelle veriuhrin. Jeesus kuitenkin vuodatti puhtaan verensä joka ei ollut perisynnin tai itsetehtyjen syntien tahraama, ja Hän antoi *"yhden ainoan uhrin syntien edestä"* jotta kaikki ihmiset voisivat saada syntinsä anteeksi ja tulla osalliseksi ikuisesta elämästä (Heprealaiskirje 10:11-12). Joten Hän avasi tien syntien anteeksiantoon ja pelastukseen uskon Jeesukseen Kristukseen kautta ja täten meidän ei enää tarvitse uhrata eläinten verta.

Jeesuksen päästäessä viimeisen henkäyksensä ristillä temppelin esirippu repeytyi kahtia ylhäältä alas asti (Matteus 27:51). Temppelin esirippu oli suuri verho joka erotti kaikista pyhimmän temppelin pyhästä osasta. Tavalliset ihmiset eivät voineet astua kaikkein pyhimpään. Ainoastaan ylin pappi saattoi astua kaikkein pyhimpään kerran vuodessa.

Se että temppelin esirippu repeytyi ylhäältä alas saakka symboloi sitä että kun Jeesus uhrasi itsensä lepytysuhrina Hän tuhosi Jumalan ja meidän välillämme seisseen synnin muurin. Vanhan testamentin aikoina ylipappien täytyi uhrata Jumalalle Israelin kansan syntien anteeksiannon puolesta ja rukoilla Jumalaa heidän puolestaan. Nyt Jumalan ja meidän välissämme seissyt synnin muuri on tuhottu ja tämän ansiosta me voimme kommunikoida Jumalan kanssa itse. Toisin sanoen, kaikki jotka uskovat Jeesukseen Kristukseen voivat nyt astua kaikkein pyhimpään ja palvoa ja rukoilla siellä Jumalaa.

Sentähden minä jaan hänelle osan suurten joukossa, ja väkevien kanssa hän saalista jakaa; sillä hän antoi sielunsa alttiiksi kuolemaan, ja hänet luettiin pahantekijäin joukkoon, hän kantoi monien synnit, ja hän rukoili pahantekijäin puolesta (Jesaja 53:12).

Jeesus kuoli ristillä kaikkien ihmisten syntien tähden aivan kuten profeetta Jesaja oli kirjoittanut Messiaan kärsimyksestä ja ristiinnaulitsemisesta. Jopa silloin kun Hän oli kuolemaisillaan ristillä Jeesus pyysi Jumalalta että Hän antaisi anteeksi niille jotka olivat Hänet ristiinnaulinneet.

Isä, anna heille anteeksi, sillä he eivät tiedä, mitä he

tekevät (Luuk. 23:34).

Jeesuksen kuollessa ristillä psalmistin profetia *"Hän varjelee kaikki hänen luunsa: ei yksikään niistä murru."* (Psalmi 34:20) täyttyi. Me näemme Johanneksen evankeliumin jakeista 19:32-33 kuinka tämä tapahtui: *"Niin sotamiehet tulivat ja rikkoivat sääriluut ensin toiselta ja sitten toiselta hänen kanssaan ristiinnaulitulta. Mutta kun he tulivat Jeesuksen luo ja näkivät hänet jo kuolleeksi, eivät he rikkoneet hänen luitaan."*

Jeesus täyttää osansa tulemalla Messiaaksi

Jeesus kantoi ihmiskunnan synnit ristilleen ja kuoli niiden puolesta syntiuhrina. Pelastuksen suunnitelman täyttymys ei kuitenkaan tapahtunut Jeesuksen kuoleman kautta. Psalmi 16:10 profetoi seuraavanlaisesti: *"Sillä sinä et hylkää minun sieluani tuonelaan etkä anna hurskaasi nähdä kuolemaa"* ja psalmin 118:17 mukaan: *"En minä kuole, vaan elän ja julistan Herran töitä."* Jeesuksen ruumis ei maatunut ja Hän nousi ylös kolmantena päivänä.

Psalmissa 68:18 profetoitiin lisäksi seuraavanlaisesti: *"Sinä astuit ylös korkeuteen, otit vankeja saaliiksesi, sait ihmisiä lahjaksesi: niskoittelijatkin joutuvat asumaan Herran Jumalan tykönä."* Jeesus nousi taivaaseen missä Hän on odottanut viimeisiä päiviä joiden aikana Hän tulee tuomaan ihmiskunnan kasvatuksen ja jalostuksen päätökseen ja johdattamaan lapsensa taivaaseen.

On helppoa nähdä kuinka kaikki minkä Jumala on Messiaasta profetoinut profeettojensa kautta on tullut kokonaisuudessaan täytetyksi Jeesuksessa Kristuksessa.

Jeesuksen kuolema ja profetioita Israelista

Jumalan valitsema Israelin kansa ei tunnistanut Jeesusta Messiaaksi. Jumala ei ole kuitenkaan hyljännyt kansaa jonka Hän itse valitsi, ja niin Hän täyttää tänä päivänä Hänen suunnitelmaansa Israelin pelastamiseksi.

Jopa Jeesuksen ristiinnaulitsemisen kautta Jumala profetoi Israelin tulevaisuudesta. Hän teki näin sen tähden että Hän tunsi heitä kohtaan vilpitöntä rakkautta ja Hän toivoi heidän uskovan Jumalan lähettämään Messiaaseen ja saavuttavan pelastuksen.

Jeesuksen ristiinnaulinneen Israelin kärsimys

Pontius Pilatus tuomitsi Jeesuksen ristiinnaulittavaksi. Juutalaiset kuitenkin painostivat Pilatusta tekemään tämän päätöksen. Pilatus oli tietoinen siitä että Jeesuksen teloitukselle ei ollut mitään syytä mutta väkijoukot painostivat häntä huutaen Jeesuksen ristiinnaulitsemista niin kiivaasti että se melkein aloitti mellakan.

Päätettyään ristiinnaulita Jeesuksen Pilatus otti vettä ja pesi kätensä väkijoukon edessä ja sanoi heille: *"Viaton olen minä tämän miehen vereen. Katsokaa itse eteenne"* (Matteus 27:24). Juutalaiset huusivat vastaukseksi: *"Tulkoon hänen verensä meidän päällemme ja meidän lastemme päälle!"* (Matteus 27:25).

Vuonna 70 jKr. Jerusalem kaatui roomalaisen kenraali Tituksen käsissä. Temppeli tuhottiin ja eloonjääneet pakotettiin jättämään kotimaansa taakseen ja hajaantumaan maailmalle. Näin alkoi diaspora joka kesti melkein 2000 vuotta. Tämän diasporan aikana juutalaiset kokivat niin kauheita piinoja ettei niitä voida sanoin kunnolla kuvailla.

Jerusalemin sortuessa arviolta 1.1 miljoonaa juutalaista tapettiin. Toisen maailmansodan aikana natsit tappoivat noin kuusi miljoonaa juutalaista. Natsien murhatessa juutalaisia nämä riisuttiin alastomiksi kuin muistutukseksi ajasta jolloin Jeesus ristiinnaulittiin alastomana.

Tietenkin Israel voi sanoa että heidän kärsimyksensä ei ole seurausta siitä että he ristiinnaulitsivat Jeesuksen. Jos me tutkimme Israelin historiaa me voimme kuitenkin selvästi nähdä kuinka Jumala suojeli Israelia ja sen kansaa ja kuinka he menestyivät aina kun he elivät Jumalan sanan mukaisesti. Mutta kun israelilaiset etääntyivät Jumalasta Hän aina kuritti heitä ja he joutuivat kärsimään koettelemuksista ja kärsimyksistä.

Joten me tiedämme että Israel ei kärsinyt syyttä. Jos Jeesuksen ristiinnaulitseminen olisi ollut Jumalan silmissä oikein, niin miksi Jumala olisi sitten jättänyt Israelin keskelle jatkuvia ja kovia koettelemuksia niin pitkäksi aikaa?

Jeesuksen päällysvaateensa ja Hänen ihokkaansa, Israelin tulevaisuus

Eräs toinen välikohtaus joka viittasi tapahtumiin jotka tulisivat kohtaamaan Israelia tapahtui Jeesuksen ristiiinnaulitsemisen paikalla. Psalmi 22:18 sanoo seuraavasti: *"he jakavat keskenänsä minun vaatteeni ja heittävät minun puvustani arpaa."* Roomalaiset sotilaat todellakin ottivat Jeesuksen vaatteet ja jakoivat ne neljään osaan heittäen arpaa Hänen vaipastaan jonka eräs sotilas sitten vei mukanaan.

Kuinka tämä tapahtuma liittyy Israelin tulevaisuuteen? Jeesus on juutalaisten Kuningas, ja niin Jeesuksen päällysvaatteet symboloivat hengellisesti Jumalan valittua, Israelia ja sen ihmisiä. Kun Jeesuksen päällysvaatteet revittiin neljään osaan ja näiden vaatteiden muoto siten katosi tämä viittasi Israelin valtion tuhoutumiseen. Koska päällysvaatteiden materiaali kuitenkin säilyi, tämä tapahtuma viittasi myös siihen että vaikka Israelin valtio saattaisi tuhoutua, itse nimi "Israel" tulisi säilymään.

Mitä merkitsee se että roomalaiset sotilaat ottivat Jeesuksen päällysvaatteet ja jakoivat ne neljään osaan, yhden jokaiselle sotilaalle? Tämä merkitsee sitä että Rooma tulisi tuhoamaan Israelin kansan ja levittämään sen ympäri maailmaa. Tämä profetia täyttyi kun Jerusalem sortui ja Israelin valtio tuhoutui, pakottaen juutalaiset hajaantumaan joka puolelle maailmaa.

Jumalan lähettämä Messias

Joh. 19:23 puhuu seuraavasti Jeesuksen ihokkaasta: *"Mutta ihokas oli saumaton, kauttaaltaan ylhäältä asti kudottu."* Se että Jeesuksen ihokas oli "saumaton" tarkoittaa sitä että useita eri vaatekerroksi ei oltu ommeltu yhteen tämän vaatteen tekemiseksi.

Useimmat ihmiset eivät pane merkille kuinka heidän vaatteensa on valmistettu. Miksi Raamattu sitten kirjaa yksityiskohtaisesti Jeesuksen ihokkaan rakenteen? Tässä on profetia tapahtumista jotka tulisivat kohtaamaan Israelin kansaa. Jeesuksen ihokas symboloi Israelin kansan sydämiä, sydämiä joilla he palvelevat Jumalaa. Se että tämä ihokas oli "saumaton, kauttaaltaan ylhäältä asti kudottu" symboloi sitä että Israelin sydän Jumalaa kohti on kestänyt heidän esi-isästään Jaakobista lähtien eikä se tule horjumaan missään olosuhteissa.

Aabrahamia, Iisakia ja Jaakobia seuranneiden kahdentoista sukukunnan kautta muodostunut Israelin valtio ja kansakunta on pitänyt kiinni puhtaudestaan valtiona ilman että se olisi mennyt ei-juutalaisten kanssa naimisiin. Sen jälkeen kun Israel jakaantui pohjoisessa olevaan Israelin kuningaskuntaan ja etelässä olevaan Juudan kuningaskuntaan sen pohjoisessa kuningaskunnassa asuvat ihmiset solmivat liittoja ulkopuolisten kanssa mutta Juuda säilyi homogeenisena valtiona. Jopa tänäkin päivänä juutalaiset pitävät kiinni identiteetistään joka syntyi uskon isien aikana.

Joten vaikka Jeesuksen päällysvaatteet revittiinkin neljään osaan Hänen ihokkaansa säilyi ehjänä. Tämä kertoo että vaikka Israelin valtio näyttääkin katoavan Israelin kansan sydän kohti

Jumalaa ja heidän uskonsa Häntä kohtaan eivät voi tuhoutua.
Jumala valitsi heidät valituksi kansakseen heidän horjumattoman sydämensä tähden, ja heidän kauttaan Hän on täyttänyt suunnitelmaansa aina tähän päivään saakka. Jopa vuosituhannen vaihteen jälkeen Israelin kansa noudattaa Lakia tarkasti. Tämä johtuu siitä että he ovat perineet Jaakobin vakaan sydämen.

Tämän johdosta Israel ravisti maailmaa julistautumalla itsenäiseksi ja muodostamalla valtion uudelleen toukokuun 14. päivä 1948, melkein 1900 vuotta maansa menettämisen jälkeen.

Minä otan teidät pois pakanakansoista ja kokoan teidät kaikista maista ja tuon teidät omaan maahanne (Hesekiel 36:24).

Niin te saatte asua maassa, jonka minä annoin teidän isillenne; ja te olette minun kansani, ja minä olen teidän Jumalanne (Hesekiel 36:28).

Vanha testamentti profetoi: *"Pitkien aikojen perästä sinä saat määräyksen, vuotten lopulla sinun on karattava,"* ja tämän mukaisesti Israelin kansa alkoi matkustaa kohti Palestiinaa missä se muodosti taas valtion (Hesekiel 38:8). Kehittymällä yhdeksi maailman voimakkaimista valtioista Israel on jälleen kerran vahvistanut maailmalle sen vahvat valtionpiirteensä.

95

Jumala tahtoo Israelin valmistautuvan Jeesuksen paluuseen

Jumala tahtoo hiljattain uudelleenperustetun Israelin odottavan ja valmistautuvan Messiaan paluuta varten. Jeesus saapui Israeliin noin 2000 vuotta sitten, täytti ihmiskunnan pelastuksen suunnitelman täydellisesti ja tuli heidän Pelastajakseen ja Messiaakseen. Noustessaan taivaaseen Hän lupasi palata takaisin maahan. Nyt Jumala tahtoo Hänen valittujensa odottavan Messiaan paluuta todellisessa uskossa.

Kun Messias Jeesus Kristus palaa jälleen takaisin Hän ei saavu tähän maailmaan rähjäisessä tallissa eikä Hänen tarvitse kärsiä ristin rangaistusta niinkuin kaksi vuosituhatta sitten. Tämän sijaan Hän tulee ilmestymään taivaallisten isäntien ja enkelien johdossa, palaten tähän maailmaan kuninkaiden Kuninkaana ja herrojen Herrana Jumalan kirkkaudessa kaiken maailman nähtävinä.

Katso, hän tulee pilvissä, ja kaikki silmät saavat nähdä hänet, niidenkin, jotka hänet lävistivät, ja kaikki maan sukukunnat vaikeroitsevat hänen tullessansa. Totisesti, amen (Ilmestyskirja 1:7).

Hetken koittaessa kaikki ihmiset, niin uskovat kuin ei-uskovatkin, tulevat näkemään kuinka Herra palaa ilmojen halki. Tuona päivänä kaikki jotka uskovat Jeesukseen koko ihmiskunnan pelastajana tulevat temmatuiksi pilviin missä he ottavat osaa taivaan hääpitoihin. Toiset puolestaan jätetään jälkeen suremaan.

Jumala loi ensimmäisen ihmisen Aatamin ja aloitti ihmiskunnan kasvatuksen ja aivan kuten sillä oli alkunsa niin sillä tulee myös olemaan loppunsa. Maanviljelijä kylvää siemenensä ja korjaa satonsa ja samalla tavalla ihmiskunnan kasvatuskin tulee kantamaan satonsa. Jumalan ihmiskunnan kasvatus tulee päättymään Messiaan Jeesuksen Kristuksen toiseen tulemiseen. Jeesus sanoo meille Ilmestyskirjan jakeessa 22:7, "Ja katso, minä tulen pian. Autuas se, joka ottaa tämän kirjan ennustuksen sanoista vaarin." Meidän aikamme kuuluu viimeisiin päiviin. Mittaamattomassa rakkaudessaan Israelia kohtaan Jumala jatkaa kansansa opastamista sen historian kautta jotta hekin voisivat ottaa Messiaan vastaan. Jumala tahtoo vilpittömästi että sekä Hän valittu kansansa Israel että koko ihmiskunta ottaisi Jeesuksen Kristuksen omakseen ennen ihmiskunnan kasvatuksen päättymistä.

Heprealainen raamattu, jonka kristityt tuntevat Vanhana testamenttina

Luku 3

ISRAELIN USKOMA JUMALA

Laki ja traditio

Jumalan johdattaessa valittua kansaansa Egyptistä Kanaanin luvattuun maahan Hän laskeutui Siinai-vuoren huipulle. Sitten Herra Jumala kutsui exodusta johtavan Moosesta luokseen ja Hän kertoi tälle että pappien tulisi puhdistaa itsensä ennen kuin he astuivat Jumalan eteen. Tämän lisäksi Jumala antoi ihmisille kymmenen käskyä sekä useita muita lakeja Mooseksen kautta.

Mooses toisti uskollisesti Jumalan kaikki sanat ja määräykset kansalleen, joka vastasi yhdellä äänellä sanoen: *"Kaiken, mitä Herra on puhunut, me teemme!"* (Exodus 24:3) Mooseksen ollessa Siinai-vuorella Jumalan kutsumuksen mukaisesti hänen kansansa sai Aaronin tekemään kultaisen vasikan ja he tekivät suuresti syntiä palvomalla sitä vääränä jumalana.

Kuinka he saattoivat olla Jumalan valittu kansa ja silti tehdä niin suuren synnin? Kaikki ihmiset niskoittelun syntiä tehneestä Aatamista lähtien ovat hänen jälkeläisiään ja he ovat syntyneet syntisten luonteiden kera. He tekevät pakostakin syntiä ennen kuin he tulevat pyhittyneiksi sydämensä ympärileikkaamisen kautta. Tämän tähden Jumala lähetti Hänen ainoan Poikansa Jeesuksen, jonka ristiinnaulitsemisen kautta Hän avasi portin

Israelin uskoma Jumala

jonka kautta koko ihmiskunta voisi saada syntinsä anteeksi.

Miksi Jumala sitten antoi ihmisille lain? Jumalan Mooseksen kautta antamat kymmenen käskyä sekä määräykset ja säännöt tunnetaan yhdessä kokonaisuutena jota sanotaan laiksi.

Jumala johdattaa heidät maitoa ja hunajaa virtaavaan maahan lain kautta

Jumala antoi Israelin kansalle lain exoduksen aikana sen tähden että he voisivat nauttia siunauksista joiden kautta he voisivat saavuttaa maitoa ja hunajaa virtaavan Kanaanin maan. Ihmiset saivat lain suoraan Moosekselta mutta he eivät kuitenkaan pitäneet liittoa Jumalan kanssa ja he tekivät paljon syntiä palvomalla esimerkiksi epäjumalia ja tekemällä haureutta. Lopulta suurin osa heistä kuoli synneissään 40-vuotisen aavikkoelämän aikana.

Viides Mooseksen kirja kirjoitettiin Mooseksen viimeisten sanojen mukaisesti, ja se syventyy Jumalan liittoihin ja lakeihin. Suurin osa exoduksen ensimmäisestä sukupolvesta kuoli Joosuaa ja Kaalebia lukuunottamatta, ja kun Mooseksen tuli aika jättää Israelin kansan hän kehotti exoduksen toista ja kolmatta sukupolvea rakastamaan Jumalaa ja noudattamaan Hänen käskyjään.

Ja nyt, Israel, mitä Herra, sinun Jumalasi, sinulta

muuta vaatii, kuin että pelkäät Herraa, sinun Jumalaasi,
että aina vaellat hänen teitänsä ja rakastat häntä, ja että
palvelet Herraa, sinun Jumalaasi, kaikesta sydämestäsi
ja kaikesta sielustasi, noudattaen Herran käskyjä ja
säädöksiä, jotka minä sinulle tänä päivänä annan, että
menestyisit (5. Moos. 10:12-13).

Jumala antoi heille lain sillä Hän tahtoi heidän noudattavan sitä omasta tahdostaan sydämensä halusta ja vahvistavan siten rakkautensa Jumalaa kohtaan kuuliaisuuden kautta. Jumala ei antanut heille lakia rajoittaakseen tai kahlitakseen heitä, vaan Hän tahtoi hyväksyä heidän kuuliaiset sydämensä ja antaa heille siunauksia.

Nämä sanat, jotka minä tänä päivänä sinulle annan,
painukoot sydämeesi. Ja teroita niitä lastesi mieleen ja
puhu niistä kotona istuessasi ja tietä käydessäsi, maata
pannessasi ja ylös noustessasi. Ja sido ne merkiksi
käteesi, ja ne olkoot muistolauseena sinun otsallasi. Ja
kirjoita ne talosi pihtipieliin ja portteihisi (5. Moos. 6:6-9).

Näiden jakeiden kautta Jumala kertoi heille kuinka heidän tuli kantaa lakia sydämessään, opettaa sitä ja noudattaa sitä. Aikojen kuluessa Jumalan antamat ja Moosekseen viiteen kirjaan kirjatut käskyt ja määräykset ovat yhä nykyäänkin tunnetut ja pidetyt, mutta lain noudattaminen keskittyy ulkoiseen muotoon.

Laki ja vanhempien traditio

Lain mukaan esimerkiksi sapatti oli pidettävä pyhänä ja vanhemmat säätelivät monia yksityiskohtaisia tapoja jotka kehittyivät käskyjen noudattamiseksi, kuten esimerkiksi automaattisten ovien, hissien ja rullaportaiden käytön kielto ja liikekirjeiden, passien ja muiden pakettien avauskielto. Kuinka nämä vanhempien traditiot sitten syntyivät?

Israelin kansa luuli että syy siihen että Jumalan temppeli tuhoutui ja että heidät vietiin Babyloniaan vankeuteen oli että he eivät olleet palvelleet Jumalaa koko sydämellään. Heidän täytyi palvella Jumalaa paremmin ja he säätivät useita sääntöjä voidakseen noudattaa lakia tilanteissa jotka tulisivat muuttumaan aikojen kuluessa.

Nämä säännöt ja säädökset kehitettiin jotta he voisivat palvelle Jumalaa koko sydämellään. Toisin sanoen, he säätävät monia säädöksiä jotka koskivat kaikkia elämän osa-alueita voidakseen pitää lain jokapäiväisessä elämässään.

Joskus tiukat säädökset suojelivat lakia. Mutta aikojen kuluessa he menettivät lakiin perustuneen alkuperäisen tarkoituksen ja alkoivat keskittyä enemmän lain noudattamisen ulkoisiin merkkeihin. Tällä tavalla he alkoivat loitota lain alkuperäisestä hengestä.

Jumala näkee ja hyväksyy jokaisen yksilön lakia noudattava sydämen sen sijaan että Hän pitäisi lain seuraamisen ulkoisia tekoja kaikista tärkeimpänä. Joten Hän on asettanut lain löytääkseen henkilöitä jotka todellakin kunnioittavat ja kirkastavat Häntä ja siunatakseen niitä jotka ovat Hänelle kuuliaisia. Useat Vanhan testamentin ihmiset näyttivät noudattavan lakia mutta siitä huolimatta monet heistä silti rikkoivat sitä.

"Jospa olisi teidän joukossanne joku, joka sulkisi ovet, ettette pitäisi tulta minun alttarillani turhaan! Ei ole minulla mielisuosiota teihin, sanoo Herra Sebaot, enkä minä mielisty ruokauhriin, joka tulee teidän kädestänne" (Malakia 1:10).

Lain opettajat ja vanhemmat puhuivat Jeesuksesta pahaa ja tuomistivat Hänen opetuslapsensa. Tämä ei kuitenkaan johtunut siitä että Jeesus ja Hänen opetuslapsensa eivät olisi noudattaneet lakia, vaan siitä että rikkoivat vanhempien tapoja ja traditioita. Tämä on kuvattu hyvin Matteuksen evankeliumissa.

Miksi sinun opetuslapsesi rikkovat vanhinten perinnäissääntöä? Sillä he eivät pese käsiään ruvetessaan aterialle (Matt. 15:2).

Tuolloin Jeesus valisti heitä sanoen että tässä ei rikottu Jumalan käskyjä vaan vanhempien oppineiden säätämiä säädöksiä. On tietenkin tärkeää noudattaa lakia ulospäin näkyvissä teoissa, mutta on kuitenkin paljon tärkeämpää ymmärtää lakiin kudottu Jumalan todellinen tahto.

Jeesus vastasi ja sanoi heille seuraavasti:

Miksi te itse rikotte Jumalan käskyn perinnäissääntönne tähden? Sillä Jumala on sanonut: 'Kunnioita isääsi ja äitiäsi,' ja 'Joka kiroaa isäänsä tai äitiänsä, sen pitää kuolemalla kuoleman.' Mutta te sanotte: Joka sanoo isälleen tai äidilleen: 'Se, minkä sinä olisit ollut minulta saapa, on annettu uhrilahjaksi,' sen ei tarvitse kunnioittaa isäänsä eikä äitiänsä. Ja niin te olette tehneet Jumalan sanan tyhjäksi perinnäissääntönne tähden (Matt. 15:3-6).

Seuravissa jakeissa Jeesus sanoi:

Te ulkokullatut, oikein teistä Esaias ennusti, sanoen 'Tämä kansa kunnioittaa minua huulillaan, mutta heidän sydämensä on minusta kaukana, mutta turhaan he palvelevat minua opettaen oppeja, jotka ovat ihmiskäskyjä' (Matt. 15:7-9).

Jeesuksen kutsuttua väkijoukon luokseen Hän sanoi heille:

Kuulkaa ja ymmärtäkää. Ei saastuta ihmistä se, mikä

menee suusta sisään; vaan mikä suusta käy ulos, se saastuttaa (Matt. 15:10-11).

Jumalan lasten tulisi kunnioittaa vanhempiaan kymmenen käskyn mukaisesti. Fariseukset kuitenkin opettivat että lasten jotka uhrasivat omaisuutensa Jumalalle ei tarvinnut palvella ja kunnioittaa vanhempiaan omaisuudellaan. He säätivät niin lukuisia säädöksiä säädellen elämän jokaisen osa-alueen niin tarkasti että ei-juutalaiset eivät mitenkään voineet noudattaa näitä vanhempien traditioita. Juutalaiset itse luulivat että he tekivät niinkuin oli oikein Jumalan valittuna kansana.

Israelin uskoma Jumala

Kun Jeesus paransi sairaita sapattina fariseukset tuomitsivat Hänet sapatin rikkomisesta. Eräänä päivänä Jeesus astui synagoogaan ja näki kuinka fariseusten edessä seisoi mies jonka kädet olivat surkastuneet. Jeesus aikoi herättää heidät ja Hän kuulusteli heitä, sanoen:

Kumpiko on luvallista sapattina: hyvääkö tehdä vai pahaa, pelastaako henki vai tappaa se? (Mark. 3:4)

Kuka teistä on se mies, joka ei, jos hänen ainoa lampaansa putoaa sapattina kuoppaan, tartu siihen ja nosta sitä ylös? Kuinka paljon suurempiarvoinen onkaan ihminen kuin lammas! Sentähden on lupa tehdä

107

sapattina hyvää (Matt. 12:11-12).

Fariseukset olivat sisäistäneet vanhempien säädöksiin ja traditioihin perustuneen lain ja he olivat täynnä itsekeskeisiä ajatuksia ja tapoja, ja tästä syystä he eivät ymmärtäneet lakiin kirjoitettua Jumalan tahtoa eivätkä he myöskään tunnistaneet maahan Messiaana saapunutta Jeesusta.

Useaan otteeseen Jeesus puhui heille ja kehotti heitä katumaan ja kääntymään pahoilta teiltään. Hän toru heitä siitä että he olivat hyljänneet Jumalan heille antaman lain todellisen tarkoitusperän ja pitäytyneet sen noudattamisen ulkoisissa merkeissä.

Voi teitä, kirjanoppineet ja fariseukset, te ulkokullatut, kun te annatte kymmenykset mintuista ja tilleistä ja kuminoista, mutta jätätte sikseen sen, mikä laissa on tärkeintä: oikeuden ja laupeuden ja uskollisuuden! Näitä tulisi noudattaa, eikä noitakaan sikseen jättää (Matt. 23:23).

Voi teitä, kirjanoppineet ja fariseukset, te ulkokullatut, kun te puhdistatte maljan ja vadin ulkopuolen, mutta sisältä ne ovat täynnä ryöstöä ja hillittömyyttä! (Matt. 23:25)

Rooman valtakunnan alla elävä Israelin kansa oli kuvitellut

mielessään että Messias saapuisi heidän luokseen täynnä suurta voimaa ja kunniaa, ja että tämä Messias tulisi vapauttamaan heidät heidän sortajiensa käsistä ja hallitsemaan kaikkia maailman kansoja ja valtioita.

Samaan aikaan puusepälle syntyi poika, joka kulki hyljättyjen, sairaiden ja syntisten joukossa. Hän kutsui Jumalaa "Isäksi" ja todisti että Hän on maailman Kirkkaus. Hänen toruessaan ihmisiä heidän syntiensä tähden itsensä vanhurskaiksi julistaneet ja lakia omien standardiensa mukaan seuranneet ihmiset tunsivat pistoksen sydämessään ja tulivat Hänen sanojensa haavoittamiksi, ja tämän tähden he ristiinnaulitsivat Hänet.

Jumala tahtoo meidän omaavan rakkautta ja anteeksiantamusta

Fariseukset ovat noudattaneet juutalaisuuden tarkkoja säädöksiä ja pitäneet tapoja ja säädöksiä noudattamien vuosiensa lukumäärää omaa elämäänsä tärkeämpänä. He pitivät Rooman valtakunnalle työskenteleviä veronkerääjiä syntisinä ja välttivät heitä parhaansa mukaisesti.

Matteuksen jakeesta 9:10 alkaen Raamattu kertoo kuinka Jeesus aterioi Matteus-nimisen veronkerääjän talossa ja kuinka monet veronkerääjät ja syntiset ruokailivat Jeesuksen ja Hänen opetuslastensa seurassa. Fariseusten nähdessä tämän he sanoivat Hänen opetuslapsilleen: "Miksi teidän opettajanne syö publikaanien ja syntisten kanssa?" Jeesus kuuli kuinka he tuomitsivat Hänen opetuslapsensa ja Hän selitti heille Jumalan sydämestä. Jumala antaa Hänen järkkymättömän rakkautensa ja armonsa kaikille niille jotka katuvat syntejään sydämensä pohjasta ja kääntyvät niistä pois.

Matteus 9:12-13 jatkaa: *"Mutta kun Jeesus sen kuuli, sanoi hän: "Eivät terveet tarvitse parantajaa, vaan sairaat. Mutta menkää ja oppikaa, mitä tämä on: 'Laupeutta minä tahdon enkä uhria.' Sillä en minä ole tullut kutsumaan vanhurskaita, vaan syntisiä."*

Kun uutinen Niiniven ihmisten pahuudesta kiiri taivaaseen Jumala päätti tuhota sen. Ennen kuin Hän kuitenkin teki tämän Hän lähetti profeettansa Joonan sinne jotta kaupungin asukkaat voisivat katua syntejään. Ihmiset paastosivat ja katuivat syntejään perinpohjaisesti, ja niin Jumala luopui aikomuksestaan tuhota heidät. Fariseukset kuitenkin uskoivat että kuka tahansa joka rikkoi lakia tuli tuomituksi. Kaikista tärkein osa lakia on vankkumaton rakkaus ja anteeksiantamus mutta fariseukset uskoivat että toisten tuomitseminen on enemmän oikein ja arvokkaampaa kuin hänelle rakkaudessa anteeksiantaminen.

Samalla tavalla meidän on pakko tuomita ja punnita kaikkea omien ajatustemme ja teorioidemme avulla jos me emme ymmärrä lain meille antaneen Jumalan sydäntä, ja nämä tuomiot tulevat julistetuksi vääriksi ja Jumalan vastaisiksi.

Todellinen syy siihen että Jumala antoi lain

Jumala loi taivaat ja maan, kaiken niissä olevan sekä ihmisen saadakseen uskollisia lapsia jotka olisivat Hänen sydämensä kaltaisia. Tästä syystä Jumalan on sanonut kansalleen: *"olkaa pyhät, sillä minä olen pyhä"* (3. Moos. 11:44). Hänen silmissään me pelkäämme Häntä kun me emme ole jumalallisia pelkästään ulospäin vaan tulemme tahrattomiksi heittämällä pois kaiken pahan sydämestämme.

Jeesuksen aikoina fariseukset ja kirjanoppineet olivat kiinnostuneempia uhreista ja lain kirjaimen seuraamisesta kuin sydämiensä pyhittämisestä. Jumala iloitsee särkyneestä ja murtuneesta sydämestä enemmän kuin teurasuhrista (Psalmi 51:16-17), joten Hän on antanut meille lain jotta me voisimme katua syntejämme ja kääntyä niistä pois tämän lain avulla.

Jumalan todellinen tahto löytyy Vanhan testamentin Laista

Tämä ei kuitenkaan tarkoita sitä että Israelin kansan lain noudattaminen ei olisi pitänyt sisällään rakkautta Jumalaa kohtaan. Mutta Jumala todella tahtoi että he olisivat pyhittäneet sydämensä ja tästä syystä Hän torui heitä vakavasti profeetta

Jesajan kautta.

"Mitä ovat minulle teidän paljot teurasuhrinne? sanoo Herra. Minä olen kyllästynyt oinas-polttouhreihin ja juottovasikkain rasvaan. Mullikkain, karitsain ja kauristen vereen minä en mielisty. Kun te tulette minun kasvojeni eteen, kuka sitä teiltä vaatii-minun esikartanoitteni tallaamista? Älkää enää tuoko minulle turhaa ruokauhria; suitsutus on minulle kauhistus. En kärsi uuttakuuta enkä sapattia, en kokouksen kuuluttamista, en vääryyttä ynnä juhlakokousta" (Jesaja 1:11-13).

Lain seuraamisen todellinen tarkoitus ei ole ulkoinen käytös vaan sisäisen sydämen halukkuus. Joten Jumala ei ilostunut lukuisista uhreista jotka Hänelle annettiin vain tavan mukaan ja pintapuolisesti temppelin sisäpihalle mentäessä. Jumala ei tuntenut mielihyvää näiden uhrien takia oli niitä sitten kuinka monta tahansa, sillä uhrien antajien sydämet eivät olleet Jumalan tahdon mukaisia.

Sama koskee meidän rukouksiamme. Rukouksissamme itse rukoilu ei ole niin tärkeää kuin meidän sydämemme. Psalmisti sanoo psalmissa 66:16 seuraavasti: *"Jos minulla olisi vääryys sydämessäni, ei Herra minua kuulisi."*

Jumala antoi ihmisten kuulla Jeesuksen kautta että Hän ei ilostu rukouksista jotka ovat tekopyhiä tai kerskailevia vaan pelkästään sydämistä lähtöisin olevista vilpittömistä rukouksista.

Ja kun rukoilette, älkää olko niinkuin ulkokullatut; sillä he mielellään seisovat ja rukoilevat synagoogissa ja katujen kulmissa, että ihmiset heidät näkisivät. Totisesti minä sanon teille: he ovat saaneet palkkansa. Vaan sinä, kun rukoilet, mene kammioosi ja sulje ovesi ja rukoile Isääsi, joka on salassa; ja sinun Isäsi, joka salassa näkee, maksaa sinulle (Matteus 6:5-6).

Sama tapahtuu kun me kadumme syntejämme. Jumala ei tahdo että me repisimme vaatteemme tai ripottelisimme tuhkaa päällemme kun me kadumme syntejämme vaan Hän haluaa että me korjaisimme sydämemme ja katuisimme syntejämme sydämemme pohjasta. Itse katumisen teko ei ole tärkeää ja Jumala hyväksyy katumuksemme kun me kadumme syntejämme sydämemme pohjasta ja käännymme niistä pois.

"Mutta vielä nytkin, sanoo Herra, kääntykää minun tyköni kaikesta sydämestänne, paastoten, itkien ja valittaen. Reväiskää rikki sydämenne, älkää vaatteitanne, ja kääntykää Herran, teidän Jumalanne, tykö; sillä hän on armahtavainen ja laupias, pitkämielinen ja armosta rikas, ja hän katuu pahaa" (Jooel 2:12-13).

Toisin sanoen Jumala tahtoo hyväksyä lakia noudattavan henkilön sydämen eikä lain noudattamisen tekoa. Tätä kutsutaan Raamatussa "sydämen ympärileikkaamiseksi." Me voimme ympärileikata kehomme leikkaamalla esinahan ihon pois ja

113

me voimme olla ympärileikattuja sydämissämme leikkaamalla sydämemme.

Jumalan tahtoma sydämen ympärileikkaus

Mitä sydämen ympärileikkaaminen sitten tarkasti ottaen tarkoittaa? Se viittaa kaikenlaisen pahan ja synnin leikkaamiseen ja poisheittämiseen sydämestä kateus, mustasukkaisuus, kiivaus, pahansuopaisuus, haureus, epätotuus, petollisuus, tuomitseminen ja arvostelu mukaanlukien. Jumala hyväksyy sen täydellisenä kuuliaisuutena kun sinä leikkaat synnin ja pahan pois sydämestäsi ja seuraat lakia.

Ympärileikatkaa itsenne Herralle ja poistakaa sydämenne esinahka, te Juudan miehet ja Jerusalemin asukkaat, ettei minun vihani syttyisi kuin tuli ja palaisi, eikä olisi sammuttajaa, teidän tekojenne pahuuden tähden (Jeremia 4:4).

Ympärileikatkaa sentähden sydämenne älkääkä olko enää niskureita (5. Moos. 10:16).

Egyptiä, Juudaa, Edomia, ammonilaisia, Mooabia ja kaikkia päälaen ympäriltä kerittyjä, jotka asuvat erämaassa; sillä kaikki pakanakansat ovat ympärileikkaamattomia, ja koko Israelin heimo on sydämeltään ympärileikkaamaton (Jeremia 9:26).

Ja Herra, sinun Jumalasi, ympärileikkaa sinun sydämesi ja sinun jälkeläistesi sydämet, niin että rakastat Herraa, sinun Jumalaasi, kaikesta sydämestäsi ja kaikesta sielustasi, että eläisit (5. Moos. 30:6).

Joten Vanha testamentti kehoittaa meitä useaan otteeseen ympärileikkaamaan sydämemme, sillä ainoastaan sen tehneet voivat rakastaa Jumalaa koko sydämellään ja sielullaan. Jumala tahtoo Hänen lastensa olevan pyhiä ja täydellisiä. Genesiksen jakeessa 17:1 Jumala sanoi Aabrahamille: *"ole nuhteeton"*, Leviticuksen jakeessa 19:2, Hän käski Israelin kansaa *"olemaan pyhiä."*

Johanneksen evankeliumin jae 10:35 sanoo: *"Jos hän sanoo jumaliksi niitä, joille Jumalan sana tuli – ja Raamattu ei voi raueta tyhjiin"* ja 2. Piet. 1:4: *"joiden kautta hän on lahjoittanut meille kalliit ja mitä suurimmat lupaukset, että te niiden kautta tulisitte jumalallisesta luonnosta osallisiksi ja pelastuisitte siitä turmeluksesta, joka maailmassa himojen tähden vallitsee."*

Vanhan testamentin aikoina ihmiset pelastuivat lain noudattamisen tekojen kautta, kun taas Uuden testamentin aikoina me voimme pelastua uskomme kautta lain rakkaudella täyttäneeseen Jeesukseen Kristukseen.

Vanhan testamentin aikoina pelastus oli mahdollista tekojen kautta. Henkilö saattoi pelastua vaikka hänellä olikin syntisiä haluja murhata, vihata, tehdä haureutta ja valehdella kunhan he eivät tehneet näitä asioita käytännössä. Vanhan testamentin aikoina Pyhä Henki ei asunut ihmisissä eivätkä he pystyneet hankkiutumaan eroon syntisistä haluistaan omin voiminensa. Joten heitä ei pidetty syntisinä jos he eivät tehneet syntiä teoillaan.

Uuden testamentin aikoina me voimme kuitenkin saavuttaa pelastuksen vasta sitten kun me ympärileikkaamme sydämemme uskon avulla. Pyhä Henki opettaa meille synnistä, vanhurskaudesta ja tuomiosta ja se auttaa meitä elämään Jumalan sanan mukaan jotta me voimme heittää pois epätotuuden sekä syntisen luonteen ja ympärileikata sydämemme.

Pelastusta Jeesuksen Kristuksen kautta ei yksinkertaisesti anneta kaikille jotka tietävät ja uskovat Jeesuksen Kristuksen olevan Pelastaja. Vasta sitten Jumala pitää uskoamme oikeana kun me heitämme pois kaiken pahuuden sydämestämme ja kuljemme totuudesta sen johdosta että me rakastamme Jumalaa. Tällöin Jumala johdattaa meitä saavuttamaan pelastuksen sekä saamaan ihmeellisiä rukousvaustauksia sekä siunauksia.

Kuinka miellyttää Jumalaa

On luonnollista että Jumalan lapsen ei pitäisi tehdä syntiä teoin. On myös normaalia että hän heittää pois epätotuudet ja syntiset halut sydämestään ja muistuttaa Jumalan pyhyyttä. Jumala ei voi kuitenkaan pitää sinua vanhurskaana jos sinä et tee syntisiä tekoja mutta silti haudot sisälläsi syntisiä haluja joista Jumala ei pidä.

Tämän tähden Matteus 5:27-28 sanoo: *"Te olette kuulleet sanotuksi: 'Älä tee huorin.' Mutta minä sanon teille: jokainen, joka katsoo naista himoiten häntä, on jo sydämessään tehnyt huorin hänen kanssansa."*

1. Joh. 3:15 sanoo puolestaan: *"Jokainen, joka vihaa veljeänsä, on murhaaja; ja te tiedätte, ettei kenessäkään murhaajassa ole iankaikkista elämää, joka hänessä pysyisi."* Tämä jae kehottaa meitä hankkiutumaan eroon sydämessämme olevasta vihasta.

Kuinka sinun tulee käyttäytyä sinua vihaavia vihollisia kohti toimiaksesi Jumala miellyttävällä tavalla?

Vanhan testamentin laki sanoo "Silmä silmästä ja hammas hampaasta." Toisin sanoen laki sanoo "Niin kuin henkilö on satuttanut sinua, niin häntä tullaan satuttamaan." Tämä säädettiin jotta nämä tarkat säädökset estäisivät ihmisiä vahingoittamasta tai aiheuttamasta toisille harmia. Tämä oli sen tähden että Jumala tiesi että ihmiskunta yrittäisi pahuudessaan kostaa kärsimänsä vahinko suuremmalla vahingolla.

Kuningas Daavidin tunnustettiin olevan Jumalan sydämen mukainen henkilö. Kuningas Saulin yrittäessä tappaa hänet Daavid ei vastannut pahuudella Saulin useisiin pahoihin tekoihin vaan kohteli häntä hyvyydellä aina viimeisiin hetkiin saakka. Daavid ymmärsi lain todellisen hengen ja hän eli ainoastaan

Jumalan sanan mukaisesti.

*Älä kosta äläkä pidä vihaa kansasi lapsia vastaan,
vaan rakasta lähimmäistäsi niinkuin itseäsi. Minä olen
Herra (Leviticus 19:18).*

*Älä iloitse vihamiehesi langetessa, älköön sydämesi
riemuitko hänen suistuessaan (Sananlaskut 24:17).*

*Jos vihamiehelläsi on nälkä, anna hänelle leipää
syödä, ja jos hänellä on jano, anna hänelle vettä juoda
(Sananlaskut 25:21).*

*Te olette kuulleet sanotuksi: 'Rakasta lähimmäistäsi ja
vihaa vihollistasi.' Mutta minä sanon teille: rakastakaa
vihollisianne ja rukoilkaa niiden puolesta, jotka teitä
vainoavat (Matteus 5:43-44).*

Ylläolevien jakeiden mukaan Jumala ei ole mieltynyt sinuun
jos sinä näytät siltä kuin sinä noudattaisit lakia mutta et silti anna
anteeksi henkilölle joka tuottaa sinulle vaikeuksia. Tämä johtuu
siitä että Jumala on käskenyt meitä rakastamaan vihollisiamme.
Sinun katsotaan noudattavan Jumalan sanaa kokonaisuudessaan
kun sinä noudatat lakia ja kun sinä teet sen sydämellä joka on
Jumalan haluaman kaltainen.

Laki, merkki Jumalan rakkaudesta

Rakkauden Jumala tahtoo antaa meille loputtomia siunauksia mutta Hänen täytyy antaa meidät paholaisellle tekemiemme syntien tähden koska Hän on myös oikeudenmukainen Jumala. Tämän tähden osa Jumalaan uskovista ihmisistä kärsii sairauksista ja he kohtaavat onnettomuuksia ja katastrofeja koska he eivät ole eläneet Jumalan sanan mukaisesti.

Rakkaudessaan suojella meitä koettelemuksilta ja kivuilta Jumala on antanut meille useita käskyjä. Kuinka monia ohjeita vanhemmat antavatkaan lapsilleen suojellakseen heitä sairauksilta ja onnettomuuksilta?

"Pese kätesi kun tule sisälle."
"Pese hampaat syömisen jälkeen."
"Katso molempiin suuntiin kun ylität katua."

Samalla tavalla Jumala on rakkaudessaan käskenyt meitä pitämään Hänen käskynsä ja säädöksensä omaksi hyväksemme (5. Moos. 10:13). Jumalan sanan pitäminen ja sen noudattaminen on kuin elämämme matkaa valaiseva lamppu. Me voimme kävellä turvallisesti päämääräämme lampun kanssa oli pimeys sitten kuinka syvä tahansa, ja samalla tavoin me olemme suojeltuja ja me nautimme etuoikeuksista ja siunauksista Jumalan lapsina kun Jumala, itse kirkkaus, on meidän kanssamme.

Kuinka ilostunut Jumala onkaan kun Hän suojelee Hänen sanaansa noudattavia lapsia palavilla silmillään ja Hän antaa heille mitä tahansa he sitten pyytävätkin! Nämä lapset voivat muuttaa sydämensä puhtaaksi ja hyväksi ja muistuttaa Jumalaa kunhan he pitävät ja noudattavat Jumalan sanaa, ja he tuntevat Jumalan rakkauden syvyyden ja rakastavat Häntä yhä enemmän tämän johdosta.

Joten Jumalan meille antama laki on kuin rakkauden oppikirja joka antaa ohjeita parhaiden siunausten saamiseksi Jumalan kasvatettavina oleville lapsille. Rakkauden Jumala ei anna meille taakkoja vaan Hän suojelee meitä kaikenlaisilta katastrofeilta tässä paholaisen ja Saatanan hallitsemassa maailmassa ja ohjaa meidät siunausten polulle.

Jeesus täytti Lain rakkaudella

Viides Mooseksen kirja 19:19-21 kertoo meille että Vanhan testamentin aikoina syntiä silmillään tehneiden ihmisten silmät revittiin pois päästä. Jos ihmiset tekivät syntiä käsillään tai jaloillaan heidän kätensä tai jalkansa hakattiin poikki. Jos he murhasivat tai tekivät aviorikoksen heidät kivitettiin.

Hengellisen maailman laki kertoo meille että synnin palkka on kuolema. Tämän tähden Jumala rankaisi ankarasti anteeksiantamattomia syntejä tehneitä ihmisiä, ja tällä tavoin Hän halusi varoittaa muita ihmisiä tekemästä samoja syntejä.

Rakkauden Jumala ei ollut kuitenkaan täysin tyytyväinen uskoon jolla juutalaiset pitivät lain ja sanoivat "Silmä silmästä ja hammas hampaasta." Tämän sijaan Hän painotti kerran toisensa jälkeen Vanhassa testamentissa että heidän tuli ympärileikata sydämensä. Hän ei tahtonut kansansa tuntevan kipua lain tähden, joten oikean hetken koittaessa Hän lähetti Jeesuksen maan päälle ja antoi Hänen ottaa kaikki ihmiskunnan synnit päällen ja täyttää lain rakkaudella.

Ilman Jeesuksen ristiinnaulitsemista me menettäisimme kätemme ja jalkamme kun me tekisimme niillä syntiä. Jeesus kuitenkin otti ristin ja vuodatti kallisarvoisen verensä kun Hänen kätensä ja jalkansa naulittiin ristille, ja tämä veri pesee puhtaaksi kaikki meidän käsillämme ja jaloillamme tekemämme syntimme. Nyt meidän ei tarvitse leikata jalkojamme tai käsiämme pois tämän suuren Jumalan rakkauden ansiosta.

Jeesus on yhtä rakkauden Jumalan kanssa ja Hän saapui maan päälle ja täytti lain rakkaudella. Jeesus eli esimerkillistä elämää pitäen kaikki Jumalan lait.

Hän piti lain täydellisesti mutta ei silti tuominnut ihmisiä jotka eivät onnistuneet pitämään sitä, sanoen: "Sinä olet rikkonut lain ja olet matkalla kuolemaan." Tämän sijaan Hän opetti ihmisille totuutta päivin ja öin jotta edes yksi heistä voisi katua syntejään ja saavuttaa pelastuksen, ja Hän teki työtä väsymättä ja paransi ja vapautti syntien kahlitsemia, heikkoja ja demonien riivaamia.

Jeesuksen rakkaus tuli selvästi esille kun aviorikoksesta kiinni jäänyt nainen tuotiin Jeesuksen eteen kirjanoppineiden ja fariseusten toimesta. Johanneksen evankeliumin 8. luvussa nämä kirjanoppineet ja fariseukset toivat naisen Hänen luokseen ja kysyiät Häneltä: *"Ja Mooses on laissa antanut meille käskyn, että tuommoiset on kivitettävä. Mitäs sinä sanot?"* (jae 5) Jeesus vastasi tähän sanoen: *"Joka teistä on synnitön, se heittäköön häntä ensimmäisenä kivellä"* (jae 7).

Tällä kysymyksellä Jeesus halusi herättää heidät siihen että tämän naisen lisäksi myös he itse jotka syyttivät häntä haureudesta ja käyttivät häntä löytääkseen vikaa Jeesuksesta olivat samalla tavalla syntisiä Jumalan edessä, ja että kenenkään ei tulisi uskaltaa tuomita toista. Ihmisten kuullessa tämän heidän omatuntonsa tuomitsivat heidät ja lähtivät pois yksi kerrallaan vanhimmasta alkaen aina viimeiseen henkeen. Jeesus jäi yksin naisen yhä seisoessa keskellä.

Jeesus ei nähnyt ketään muuta tämän naisen lisäksi ja Hän sanoi tälle: *"Nainen, missä ne ovat, sinun syyttäjäsi? Eikö kukaan ole sinua tuominnut?"* (jae 10). Nainen vastasi: *"Herra, ei kukaan."* Jeesus sanoi: *"En minäkään sinua tuomitse; mene, äläkä tästedes enää syntiä tee"* (jae 11).

Nainen oli suuren pelon vallassa kun hänet tuotiin Jeesuksen eteen ja hänen anteeksiantamattomat synnit paljastettiin. Joten kuvittele kuinka monia kyyneleitä hän vuodatti kiitollisuuden ja tunteiden vallassa kun Jeesus antoi hänelle anteeksi. Hän ei uskaltanut enää rikkoa lakia tai tehdä syntiä muistaessaan Jeesuksen anteeksiantamuksen ja rakkauden. Tämän teki mahdolliseksi se että hän kohtasi lain rakkaudella täyttäneen Jeesuksen.

Jeesus täytti lain rakkaudella sekä tämän naisen että kaikkien ihmisten puolesta. Hän ei säästänyt omaa elämäänsä antaen sen meidän syntisten puolesta ristillä kuin lapsen vanhin joka ei säästä itseään pelastaakseen lapsensa hukkumiselta.

Jeesus oli viaton, tahraton ja Jumalan ainoa Poika, mutta siitä huolimatta Hän kärsi kaikki kuvailemattomat tuskat, vuodatti kaiken verensä ja antoi henkensä ristillä meidän syntisten puolesta. Hänen ristiinnaulitsemisensa on koko ihmiskunnan historian liikuttavin hetki ja suurimman mahdollisen rakkauden huipentuma.

Kun tämä Hänen rakkautensa voima tulee yllemme me saamme voimaa pitää lain ja me pystymme täyttämään sen rakkaudella Jeesuksen tavoin.

Kuinka monet ihmiset voisivat tulla pelastetuiksi tässä maailmassa jos Jeesus ei olisi täyttänyt lakia rakkaudella vaan sen sijaan käyttänyt sitä tuomitsemiseen ja kääntänyt katseensa pois syntisistä? Raamattu sanoo, *"Ei ole ketään vanhurskasta, ei ainoatakaan"* (Roomalaiskirje 3:10), ja siten kukaan ei voisi pelastua.

Toisia arvostelevat ja Lailla tuomitsevat

Jeesus täytti lain rakkaudella ja siten Hänestä tuli koko ihmiskunnan Pelastaja. Mutta mitä kirjanoppineet, fariseukset ja lainopettajat sitten tekivät? He edellyttivät lain ulkoista noudattamista sen sijaan että he olisivat vaatineet Jumalan haluamaa sydämen ympärileikkausta, ja täten he uskoivat noudattavansa lakia täydellisesti. Tämän lisäksi he eivät antaneet anteeksi lakia rikkoneille vaan tuomitsivat ja arvostelivat heitä.

Meidän Jumalamme ei kuitenkaan koskaan tahdo meidän tuomitsevan tai arvostelevan toisia ilman rakkautta ja armoa. Hän ei myöskään tahdo että me ponnistelisimme lain noudattamiseksi ilman että me tuntisimme Jumalan armoa. Me emme hyödy siitä lainkaan jos me noudatamme lakia mutta emme ymmärrä Jumalan sydäntä ja noudatamme siten lakia ilman että me tekisimme sitä rakkaudesta.

Ja vaikka minulla olisi profetoimisen lahja ja minä tietäisin kaikki salaisuudet ja kaiken tiedon, ja vaikka minulla olisi kaikki usko, niin että voisin vuoria siirtää, mutta minulla ei olisi rakkautta, en minä mitään olisi. Ja vaikka minä jakelisin kaiken omaisuuteni köyhäin ravinnoksi, ja vaikka antaisin ruumiini poltettavaksi, mutta minulla ei olisi rakkautta, ei se minua mitään hyödyttäisi (1. Korinttolaiskirje 13:2-3).

Jumala on itse rakkaus ja Hän iloitsee ja siunaa meitä kun me rakastamme. Jeesuksen aikana fariseukset eivät omanneet sydämessään rakkautta vaan sen sijaan noudattivat lakia ulkoisesti. Tämä ei hyödyttänyt heitä lainkaan. He tuomitsivat ja arvostelivat muita lain tuntemuksellaan, ja tämän johdosta he pysyttelivät kaukana Jumalasta ja päätyivät lopulta naulitsemaan

Jumalan Pojan ristille.

Kun sinä ymmärrät lakiin kätkeytyvän Jumalan todellisen tahdon

Jopa Vanhan testamentin aikoina uskon suuret isät ymmärsivät laissa olevan Jumalan todellisen tahdon. Näihin uskon isiin lukeutuivat Aabraham, Joosef, Mooses, Daavid sekä Elia, jotka eivät vain pitäneet lakia vaan myös yrittivät parhaansa tullakseen Jumalan uskollisiksi lapsiksi ympärileikkaamalla sydämensä tunnollisesti.

Juutalaiset eivät kuitenkaan pystyneet tunnistamaan Jeesusta kun Jumala lähetti Hänet tähän maailmaan Messiaaksi puhumaan juutalaisille Aabrahamin, Iisakin ja Jaakobin Jumalasta. Tämä johtui siitä että he olivat vanhimpien traditioiden ja tapojen sekä lain ulkoisen noudattamisen periaatteen sokaisemia.

Jeesus teki ihmeellisiä ihmetekoja ja merkkejä jotka olivat mahdollisia ainoastaan Jumalan voimalla todistaakseen olevansa Jumalan Poika. He eivät kuitenkaan tunnistaneet Jeesusta tai ottaneet Häntä vastaan Messiaana.

Tämä ei kuitenkaan koskenut niitä juutalaisia jotka omasivat ympärileikatun sydämen. He uskoivat Jeesusta kuunnellessaan Hänen saarnojaan, ja nähdessään Hänen tekemiä ihmeitä he uskoivat Jumalan olevan Hänen kanssaan. Johanneksen evankeliumin kolmannessa luvussa Nikodeemus-niminen fariseus saapui Jeesuksen eteen eräänä iltana sanoakseen hänelle seuraavasti:

Rabbi, me tiedämme, että sinun opettajaksi tulemisesi on Jumalasta, sillä ei kukaan voi tehdä niitä tunnustekoja, joita sinä teet, ellei Jumala ole hänen kanssansa (Joh. 3:2).

Rakkauden Jumala odottaa Israelin paluuta

Miksi suurin osa juutalaisista ei sitten tunnistanut tähän maailmaan Messiaana saapunutta Jeesusta? He olivat muodostaneet lain puitteet omassa päässään luulleen rakastavansa ja palvelevansa Jumalaa eivätkä he tahtoneet hyväksyä asioita jotka erosivat heidän omista ajatuskaavoistaan. Aina Herra Jeesuksen tapaamiseen saakka apostoli Paavali oli uskonut vakaasti että Jumalan rakastaminen ja palveleminen oli sama kuin lain sekä vanhimpien traditioiden ja tapojen noudattaminen. Tämän tähden hän ei hyväksynyt Jeesusta Pelastajaksi vaan sen sijaan vainosi Häntä ja Häneen uskoneita. Kohdattuaan ylösnousseen Herra Jeesuksen matkalla Damaskukseen hänen ajatusmallinsa murskaantuivat täysin ja hänestä tuli hänen Herransa, Jeesuksen Kristuksen, apostoli.

Halu noudattaa lakia on olennainen osa juutalaisuutta ja siten Jumalan valitun kansan vahvuus. Joten heti kun he ymmärtävät lakiin piiloutuvan Jumalan todellisen tahdon he pystyvät rakastamaan Jumalaa enemmän kuin mikään muu tämän maailman rotu ja olemaan Jumalalle uskollisia koko elämällään.

Jumala antoi Israelin kansalle kaikki lait ja käskyt Mooseksen kautta hänen johtaessaan heitä pois Egyptistä, ja Hän sanoi heille mitä Hän todella tahtoi heidän tekevän. Jumala lupasi heille että jos he rakastaisivat Häntä, ympärileikkaisivat sydämensä ja eläisivät Hänen tahtonsa mukaisesti Hän tulisi olemaan heidän kanssaan ja antamaan heille uskomattomia siunauksia.

Ja palajat Herran, sinun Jumalasi, tykö ja kuulet hänen ääntänsä kaikesta sydämestäsi ja kaikesta sielustasi, sinä itse ja sinun lapsesi, kaikessa, niinkuin minä tänä päivänä sinua käsken, niin Herra, sinun Jumalasi, kääntää sinun kohtalosi ja armahtaa sinua; Herra, sinun Jumalasi, kokoaa sinut jälleen kaikista kansoista, joiden sekaan hän on sinut hajottanut. Vaikka sinun karkoitettusi olisivat taivaan äärissä, niin Herra, sinun Jumalasi, kokoaa ja noutaa sinut sieltäkin. Ja Herra, sinun Jumalasi, tuo sinut siihen maahan, jonka sinun isäsi ovat omistaneet, ja niin sinä otat sen omaksesi; ja hän tekee sinulle hyvää ja antaa sinun lisääntyä enemmän kuin isiesi. Ja Herra, sinun Jumalasi, ympärileikkaa sinun sydämesi ja sinun jälkeläistesi sydämet, niin että rakastat Herraa, sinun Jumalaasi, kaikesta sydämestäsi ja kaikesta sielustasi, että eläisit. Ja Herra, sinun Jumalasi, antaa

Israelin uskoma Jumala

kaikkien näiden kirousten kohdata sinun vihollisiasi ja vihamiehiäsi, jotka sinua vainosivat. Ja sinä kuulet jälleen Herran ääntä ja pidät kaikki hänen käskynsä, jotka minä tänä päivänä sinulle annan (5. Moos. 30:2-8).

Näiden jakeiden lupausten mukaisesti Jumala keräsi ympäri maailmaa levineen kansansa ja johdatti heidät takaisin kotimaahansa parin tuhannen vuoden kuluttua ja Hän asetti heidät korkealle muiden kansojen yläpuolelle. Tästä huolimatta Israel ei ole ymmärtänyt Jumalan suurta rakkautta joka on tullut esiin ristiinnaulitsemisessa sekä Hänen uskomattomassa johdatuksessaan jonka kautta Hän loi ja on jalostanut ihmiskuntaa. Yhä vieläkin Jumalan valittu kansa seuraa lain noudattamisen tekoja sekä vanhimpien traditioita.

Rakkauden Jumala odottaa ja toivoo malttamattomana että he hylkäisivät oman kieron uskonsa ja muuttuisivat ja tulisivat uskollisiksi lapsiksi mahdollisimman pian. Ensinnäkin, heidän täytyy avata sydämensä ja ottaa vastaan Jumalan koko ihmiskunnan pelastajaksi lähettämä Jeesus sekä syntien anteeksiantamus. Lisäksi saavuttaakseen täyden pelastuksen heidän täytyy ymmärtää Jumalan todellinen tahto joka on annettu lain kautta ja siten omata todellista uskoa noudattamalla Jumalan sanaa tunnollisesti sydämen ympärileikkauksen kautta.

Minä rukoilen vilpittömästi että Israel löytäisi Jumalan kadonneen kuvan Jumalaa miellyttävän uskon kautta ja että

Israelin kansasta tulisi uskollisia Jumalan lapsia jotta he voisivat nauttia Jumalan heille lupaamista siunauksista ja asua ikuisen taivaan kirkkaudessa.

Kalliomoskeija, islamilainen moskeija joka sijaitsee pyhän ja kadotetun Jerusalemin kaupungin keskellä

Luku 4

KATSO JA KUULE!

Kohti maailman lopunaikoja

Raamattu selittää meille selvästi asioita sekä ihmiskunnan alusta että sen lopusta. Muutaman tuhannen vuoden ajan Jumala on kertonut meille Raamatin kautta Hänen ihmisten jalostuksen historiastaan. Tämä tarina alkoi ensimmäisestän ihmisestä maan päällä. Aatamista, ja se tulee päättymään Herran toiseen tulemiseen ilmojen halki.

Mikä hetki on meneillään tällä hetkellä Jumalan ihmiskunnan kasvatuksen historian kellotaulussa, ja kuinka monta päivää ja hetkeä ennen kuin tämä kello soittaa viimeiset lyönnit ihmiskunnan kasvatukselle? Syventykäämme seuraavaksi siihen kuinka rakkauden Jumala on suunnitellut ja pannut suunnitelmansa toimeen johdattaakseen Israelin pelastuksen tielle.

Raamatun profetioiden täyttyminen ihmiskunnan historian aikana

Raamatussa on useita profetioita, ja kaikki näistä ovat kaikkivaltiaan Jumalan sanoja. Jesajan jakeen 55:11 mukaisesti: *"niin on myös minun sanani, joka minun suustani lähtee: ei se minun tyköni tyhjänä palaja, vaan tekee sen, mikä minulle*

Katso ja kuule!

otollista on, ja saa menestymään sen, mitä varten minä sen lähetin" Jumalan sanat ovat tulleet täytetyksi täsmälleen tähän saakka, ja kaikki niistä tulevat täytetyiksi.

Israelin historia vahvistaa selvästi että Raamatun profetiat ovat täyttyneet täydellisesti ilman pienintäkään erhettä. Israelin historia on muodostunut Raamattuun kirjattuiden profetioiden mukaisesti: Israelin 400 vuotta kestänyt orjuus Egyptissä sekä exodus; heidän asettumisensa Kanaanin maitoa ja hunajaa virtaavaan maahan; heidän kuningaskuntansa jakaantuminen kahteen osaan – Israeliin ja Juudaan sekä niiden tuho; Babylonian vankeus; Israelin kansan kotiinpaluu, Messiaan syntymä; Messiaan ristiinnaulitseminen; Israelin tuho ja sen kansan leviäminen kaikkien maailman kansojen joukkoon sekä Israelin valtion uudelleenperustaminen ja itsenäisyys.

Ihmiskunnan historia on kaikkivaltiaan Jumalan hallinnassa. Aina kun Hän on saavuttanut jotakin tärkeää Hän on kertonut etukäteen Jumalan miehille mitä on tuleva tapahtumaan (Aamos 3:7). Jumala kertoi Nooalle, miehelle joka oli aikansa vanhurskas ja tahraton mies, että suuri tulva tulisi tuhoamaan koko maan. Hän sanoi Aabrahamille että Sodoman ja Gomorran kaupungit tulisivat tuhoutumaan ja Hän ilmoitti profeetta Danielille ja apostoli Johannekselle mitä maailman lopussa tulisi tapahtumaan.

Suurin osa näistä Raamattuun kirjatuista profetioista on jo täyttynyt, ja yhä täyttämättä jääneet profetiat ovat Herran toinen tuleminen sekä muutama sitä edeltävä tapahtuma.

Lopun aikojen merkkejä

Vaikka me miten selitämme vakavasti että me elämme lopun ajoissa useat ihmiset kieltäytyvät uskomasta sitä. Sen sijaan että he hyväksyisivät tämän sanoman he pitävät lopun ajoista puhuvia ihmisiä outoina ja yrittävät välttää heidän kuuntelemista. He kuvittelevat että aurinko tulee nousemaan ja laskemaan, ihmiset tulevat syntymään ja kuolemaan ja sivilisaatiot tulevat jatkamaan kulkuaan niinkuin aina aikaisemminkin.

Raamattu sanoo seuraavasti lopun ajoista: "Ja ennen kaikkea tietäkää se, että viimeisinä päivinä tulee pilkkapuheinensa pilkkaajia, jotka vaeltavat omien himojensa mukaan ja sanovat: "Missä on lupaus hänen tulemuksestansa? Sillä onhan siitä asti, 'kuin isät nukkuivat pois, kaikki pysynyt, niinkuin se on ollut luomakunnan alusta" (2. Piet. 3:3-4).

Jokaiselle syntyneelle ihmiselle koittaa kuoleman hetki. Samalla tavalla myös ihmiskunnan historialla on sekä alkunsa että loppunsa. Jumalan valitseman hetken koittaessa kaikki tässä maailmassa oleva tulee päättymään.

Siihen aikaan nousee Miikael, se suuri enkeliruhtinas, joka seisoo sinun kansasi lasten suojana. Ja se on oleva ahdistuksen aika, jonka kaltaista ei ole ollut siitä saakka, kuin kansoja on ollut, hamaan siihen aikaan

Katso ja kuule!

asti. Mutta siihen aikaan pelastetaan sinun kansasi, kaikki, jotka kirjaan kirjoitetut ovat. Ja monet maan tomussa makaavista heräjävät, toiset iankaikkiseen elämään, toiset häpeään ja iankaikkiseen kauhistukseen. Ja taidolliset loistavat, niinkuin taivaanvahvuus loistaa, ja ne, jotka monta vanhurskauteen saattavat, niinkuin tähdet, aina ja iankaikkisesti. Mutta sinä, Daniel, lukitse nämä sanat ja sinetöi tämä kirja lopun aikaan asti. Monet sitä tutkivat, ja ymmärrys lisääntyy (Daniel 12:1-4).

Jumala profetoi profeetta Danielin kautta mitä lopun aikoina tulisi tapahtumaan. Jotkut sanovat että Danielin kautta annetut profetiat ovat jo tulleet täytetyiksi historian aikana. Tämä profetia tulee kuitenkin kokonaan täytetyksi ihmiskunnan historian viimeisinä hetkinä ja tämä on täysin yhdenmukaista Uuteen testamenttiin kirjattujen maailman viimeisistä päivistä kertovien merkkien kanssa.

Tämä Danielin profetia liittyy Herran Toiseen tulemiseen. Ensimmäinen jae sanoo: *"Ja se on oleva ahdistuksen aika, jonka kaltaista ei ole ollut siitä saakka, kuin kansoja on ollut, hamaan siihen aikaan asti. Mutta siihen aikaan pelastetaan sinun kansasi, kaikki, jotka kirjaan kirjoitetut ovat."* Tämä selittää meille seitsemänvuotisesta suuresta ahdistuksesta joka tulee tapahtumaan maailman lopun aikoina sekä korjuujätteiden pelastuksesta.

Neljäs jae, jonka loppuosa kuuluu seuraavasti: *"Monet sitä tutkivat, ja ymmärrys lisääntyy,"* puhuu nykyajan ihmisten

136

elämistä. Yhdessä nämä Danielin profeetat eivät viittaa vuonna 70 jKr. tapahtuneeseen Israelin tuhoon vaan lopunaikojen merkkeihin.

Jeesus puhui opetuslapsilleen yksityiskohtaisesti lopun aikojen merkeistä. Matteuksen luvussa 24 Hän sanoi seuraavasti: *"Ja te saatte kuulla sotien melskettä ja sanomia sodista; katsokaa, ettette peljästy. Sillä näin täytyy tapahtua, mutta tämä ei ole vielä loppu. Sillä kansa nousee kansaa vastaan ja valtakunta valtakuntaa vastaan, ja nälänhätää ja maanjäristyksiä tulee monin paikoin. Ja monta väärää profeettaa nousee, ja he eksyttävät monta Ja sentähden, että laittomuus pääsee valtaan, kylmenee useimpien rakkaus."*

Minkälainen tilanne vallitsee nykyään maailmassa? Me kuulemme uutisia sodista ja niistä ja terrorismista kertovat huhupuheet lisääntyvät päivä päivältä. Valtiot taistelevat toisiaan vastaan ja kuningaskunnat hyökkäävät toisiaan vastaan. Useat nälänhädät ja maanjäristykset koettelevat maailmaa. Lukemattomat muut luonnonkatastrofit ja epätavallisten sääolosuhteiden aiheuttamat katastrofit oavat jokapäiväisiä tapahtumia Lisäksi laittomuus lisääntyy yhä kiihtyvässä tahdissa ympäri maailmaa, synnit ja pahuus valtaavat maailmaa ja ihmisten rakkaus kylmenee.

Sama on kirjattu Timoteuksen toiseen kirjaan.

Mutta tiedä se, että viimeisinä päivinä on tuleva vaikeita aikoja. Sillä ihmiset ovat silloin itserakkaita, rahanahneita, kerskailijoita, ylpeitä, herjaajia, vanhemmilleen tottelemattomia, kiittämättömiä, epähurskaita, rakkaudettomia, epäsopuisia, panettelijoita, hillittömiä, raakoja, hyvän vihamiehiä, pettureita, väkivaltaisia, pöyhkeitä, hekumaa enemmän kuin Jumalaa rakastavia; heissä on jumalisuuden ulkokuori, mutta he kieltävät sen voiman. Senkaltaisia karta (2. Timoteus 3:1-5).

Nykyajan ihmiset eivät pidä hyvistä asioista vaan rakastavat rahaa ja iloja. He ajavat omia etujaan ja tekevät hirvittäviä murhan ja tuhopolttojen kaltaisia syntejä ja pahuuksia epäröimättä ja ilman tunnontuskia. Tällaisia asioita tapahtuu liian usein ja niiden yleisyyden tähden ihmisten sydämet ovat turtuneet turtumistaan niin paljon että mikään ei enää pysty järkyttämään suurinta osaa ihmisistä. Kaiken tämän edessä me emme voi kieltää etteikö ihmiskunnan historia olisi todella menossa kohti aikojen päättymistä.

Jopa Israelin historia viittaa Herran toisen tulemisen merkkeihin ja maailman päättymisen aikaan.

Matteus 24:32-33 sanoo: *"Mutta oppikaa viikunapuusta vertaus: kun sen oksa jo on tuore ja lehdet puhkeavat, niin te tiedätte, että kesä on lähellä. Samoin te myös, kun näette tämän kaiken, tietäkää, että se on lähellä, oven edessä."*

"Viikunapuu" viittaa tässä Israeliin. Puu näyttää talvella kuolleelta, mutta kevään tullessa se alkaa taas versomaan ja sen oksat kasvavat ja täyttyvät vihreistä lehdistä. Samalla tavalla Israel on näyttänyt kadonneen kahden vuosituhannen ajaksi sen vuonna 70 jKr. tapahtuneen tuhon jälkeen. Jumalan valitsemalla hetkellä se kuitenkin julistautui itsenäiseksi ja Israelin valtio syntyi jälleen toukokuun 14. päivänä 1948.

Mikä tärkeämpää, Israelin itsenäisyys viittää siihen että Jeesuksen Kristuksen toinen tuleminen on erittäin lähellä. Tämän tähden Israelin tulisi sekä ymmärtää, että heidän yhä odottamansa Messias tuli tähän maailmaan koko ihmiskunnan Messiaana 2,000 vuotta sitten että muistaa että Pelastaja Jeesus tulee ennemmin tai myöhemmin palaamaan tähän maailmaan Tuomarina.

Mitä Raamatun profetioiden mukaan tulee sitten tapahtumaan meille jotka elämme lopun aikojen päivinä?

Herran paluu ilmojen halki sekä Tempaus

Noin 2,000 vuotta sitten Jeesus ristiinnaulittiin ja Hän nousi kuolleista kolmantena päivänä, murskaten siten kuoleman vallan. Myöhemmin Hän nousi taivaaseen ja useat paikalla olleet ihmiset todistivat kuinka Hän kohosi taivaaseen.

"Galilean miehet, mitä te seisotte ja katsotte

139

taivaalle? Tämä Jeesus, joka otettiin teiltä ylös taivaaseen, on tuleva samalla tavalla, kuin te näitte hänen taivaaseen" (Ap. t. 1:11).

Herra Jeesus avasi pelastuksen portit koko ihmiskunnalle Hänen ristiinnaulitsemisensa ja ylösnousemuksensa kautta, jonka jälkeen Hän astui taivaaseen jossa Hän istuutuu Jumalan valtaistuimen oikealla puolella ja valmistaa taivaallisia asuinsijoja kaikille pelastuneille. Kun ihmiskunnan historia päättyy Hän tulee palaamaan viedäkseen meidät mukanaan. Hänen toinen tulemisensa on kuvattu hyvin 1. Tessalonikalaiskirjeen jakeissa 4:16-17.

Sillä itse Herra on tuleva alas taivaasta käskyhuudon, ylienkelin äänen ja Jumalan pasunan kuuluessa, ja Kristuksessa kuolleet nousevat ylös ensin; sitten meidät, jotka olemme elossa, jotka olemme jääneet tänne, temmataan yhdessä heidän kanssaan pilvissä Herraa vastaan yläilmoihin; ja niin me saamme aina olla Herran kanssa.

Kuinka majesteettinen näky onkaan kun Herra saapuu maahan kirkkauden pilvissä lukemattomien enkeleiden ja taivaallisten isäntien saattamana! Pelastetuiksi tulleet pukevat päälleen ikuisesti kestävät hengelliset kehonsa ja kohtaavat Herran ilmassa, jonka jälkeen he juhlivat seitsemänvuotista hääjuhlaa Herramme, ikuisen sulhomme, kanssa.

Pelastetuiksi tulleet tulevat temmatuiksi ilmaan jossa he kohtaavat Herran. Tätä kutsutaan "Tempaukseksi." Taivaan valtakunta viittaa toisen taivaan osaan jonka Jumala valmisti seitsemänvuotista hääjuhlaa varten.

Jumala jakoi hengellisen maailman muutamaan tilaan joista yksi on tämä toinen taivas. Toinen taivas on jaettu edelleen kahteen osaan – kirkkauden maailmaan Eedeniin sekä pimeyden maailmaan. Kirkkauden maailman osaan kuuluu eräs erityinen osa seitsemänvuotista hääjuhlaa varten.

Tässä syntejä ja pahuutta täynnä olevassa maailmassa uskolla itsensä pelastuksen saavuttamiseksi kaunistaneet ihmiset temmataan ilmaan Herran morsiamiksi, ja täällä he saavat tavata Herran ja nauttia seitsemän vuotta kestävistä hääpidoista.

Iloitkaamme ja riemuitkaamme ja antakaamme kunnia hänelle, sillä Karitsan häät ovat tulleet, ja hänen vaimonsa on itsensä valmistanut. Ja hänen annettiin pukeutua liinavaatteeseen, hohtavaan ja puhtaaseen: se liina on pyhien vanhurskautus. Ja hän sanoi minulle: "Kirjoita: Autuaat ne, jotka ovat kutsutut Karitsan hääaterialle!" Vielä hän sanoi minulle: "Nämä sanat ovat totiset Jumalan sanat" (Ilmestyskirja 19:7-9).

Herran hääpitojen aikana taivaaseen temmattuja palkitaan siitä että he ovat päihittäneet maailman, kun taas tähän maailmaan jääneet tempaamatta jääneet ihmiset tulevat kärsimään kuvailemattomia kärsimyksiä ahdistuksessa tähän maahan Herran toisen tulemisen hetkellä ajettujen pahojen henkien toimesta.

Seitsemän suurta ahdistuksen vuotta

Samaan aikaan kun pelastetuiksi tulleet ihmiset nauttivat seitsemän vuotta kestävistä hääpidoista ja unelmoivat onnellisesta ja ikuisesta taivaasta koko maailma peittyy ihmiskunnan historiassa vertaansa vailla olevalla ahdistuksella ja kauhistuttavat asiat alkavat tapahtua.

Kuinka seitsemänvuotinen ahdistus sitten alkaa? Herra palaa takaisin ilmojen halki ja monet ihmiset tempautuvat ilmaan nopeasti ja samanaikaisesti. Tällöin maahan jääneet ihmiset pelästyvät ja hätääntyvät pahasti nähdessään kuinka heidän perheensä, ystävänsä ja naapurinsa katoavat yllättäen ja he vaeltavat ympäriinsä heitä etsien.

Pian he ymmärtävät että tempaus josta kristityt puhuivat on tapahtunut. He alkavat tuntea kauhistusta ajatellessaan heitä kohtaavaa ja edessä olevaa seitsemän vuotta kestävää suurta ahdistusta. Hätä ja paniikki ottavat heidät valtaansa. Suuret määrä liikenneonnettomuuksia kohtaa maailmaa kun lentokoneiden, laivojen, junien, autojen ja muiden kulkuvälineiden kuskit tempautuvat ilmaan, ja niin maailma on täynnä kaaosta ja epäjärjestystä.

Tähän aikaan maailmaan ilmestyy henkilö joka tuo rauhan ja järjestyksen. Hän on Euroopan unionin hallitsija. Hän yhdistää poliittiset, taloudelliset sekä sotilaalliset organisaatiot ja tämän suomalla vallalla hän pitää maailman järjestyksessä ja tuo yhteiskunnalle rauhaa ja vakautta. Tämän tähden monet ihmiset iloitsevat siitä että hän on ilmestynyt maailman näyttämölle. Monet ottavat hänet innokkaasti vastaan ja he tukevat häntä uskollisesti ja auttavat häntä aktiivisesti.

Hän on Raamatun mainitsema antikristus joka johtaa seitsemänvuotista suurta ahdistusta mutta jonkin aikaa hän tulee esiintymään "rauhan lähettiläänä." Todellisuudessa antikristus tuo rauhan ja järjestyksen ihmiskunnalle seitsenvuotisen suuren ahdistuksen alkuvaiheessa. Instrumentti, jota hän käyttää tuodakseen rauhan maailmaan on Raamattuun kirjattu '666'-merkki.

Ja se saa kaikki, pienet ja suuret, sekä rikkaat että köyhät, sekä vapaat että orjat, panemaan merkin oikeaan käteensä tai otsaansa, ettei kukaan muu voisi ostaa eikä myydä kuin se, jossa on merkki: pedon nimi tai sen nimen luku. Tässä on viisaus. Jolla ymmärrys on, se laskekoon pedon luvun; sillä se on ihmisen luku. Ja sen luku on kuusisataa kuusikymmentä kuusi (Ilmestyskirja 13:16-18).

Mikä on pedon merkki?

Peto viittaa tietokoneeseen. Euroopan unioni (EU) perustaa organisaationsa käyttämällä hyväkseen tietokoneita. EU:n tietokoneiden avulla jokainen henkilö saa viivakoodin oikeaan käteensä tai otsaansa. Tämä viivakoodi on pedon merkki. Tämä viivakoodi sisältää kaikenlaista henkilökohtaista informaatiota, ja tämä viivakoodi istutetaan henkilön kehoon. Kun tämä on tehty, EU:n tietokone pystyy monitoroimaan, tarkkailemaan, tarkistamaan sekä kontrolloimaan jokaista henkilöä yksityiskohtaisesti oli hän sitten missä tahansa.

Nykyiset luottokorttimme ja henkilötunnuksemme korvataan pedon merkillä, 666-merkillä. Tällöin ihmiset eivät enää tarvitse käteistä tai shekkejä. Heidän ei tarvitse enää pelätä ryöstetyksi tulemista tai omaisuutensa hukkaamista. Tämä on yksi voimakas syy siihen että "666" tulee leviämään koko maailmaan lyhyen ajan sisällä, ja ilman tätä merkkiä kukaan ei pysty enää todistamaan henkilöllisyyttään tai ostamaan tai myymään mitään.

Ihmiset tulevat ottamaan pedon merkin seitsemänvuotisen suuren ahdistuksen alusta saakka, mutta heidän ei ole kuitenkaan pakko tehdä tätä. Tämän ottaminen on pelkkä suositus kunnes EU:n organisaatio on vakaalla pohjalla. Heti kun seitsemänvuotisen suuren ahdistuksen ensimmäinen puolisko on ohitse ja organisaation on vakaa, EU tulee pakottamaa jokaisen ottamaan merkin, eikä se tule antamaan anteeksi niille jotka kieltäytyvät tekemästä sitä. Joten EU tulee kahlitsemaan ihmiset pedon merkin kautta ja johtamaan heitä tahtonsa mukaisesti.

Lopulta suurin osa seisemän vuotta kestävään suureen ahdistukseen jääneistä ihmisistä tulee olemaan antikristuksen ja pedon hallituksen vallan ja kontrollin alaisena. Tämä antikristus on paholais-vihollisen vallassa, ja tämän tähden EU saa ihmiset vastustamaan Jumalaa ja se johdattaa heidät pahuuksien, epävanhurskauden ja tuhon tielle.

Kaikki ihmiset eivät kuitenkaan antaudu antikristuksen vallan edessä. On ihmisiä jotka ovat uskoneet Jeesukseen Kristukseen mutta jotka eivät ole tulleet temmatuksi taivaaseen toisen tulemisen yhteydessä heidän uskonpuutteensa tähden. Jotkut heistä ovat ottaneet Herran vastaan elämäänsä joskus aikaisemmin ja eläneet Jumalan armossa mutta sitten myöhemmin menettäneet armon ja palanneet takaisin maailmaan. Toiset taas ovat tunnustaneet uskovansa Kristukseen ja he käyneet kirkossa eläen silti kuitenkin maailmallisissa iloissa hengellisen uskon puutteen tähden. Toiset taas ovat juuri ottaneet Herran Jeesuksen Kristuksen vastaan ja jotkut juutalaiset ovat heränneet hengellisestä unestaan tempauksen kautta.

Nähdessään tempauksen todellisuuden he ymmärtävät että kaikki sekä Vanhan että Uuden testamentin maailmat olivat totta ja he alkavat surra maata pieksäen. Suuri pelko ottaa heidät valtaansa ja he katuvat etteivät ole eläneet Jumalan tahdon

145

Katso ja kuule!

mukaan ja he yrittävät löytää tavan jolla pelastua.

Ja heitä seurasi vielä kolmas enkeli, joka sanoi
suurella äänellä: "Jos joku kumartaa petoa ja sen kuvaa
ja ottaa sen merkin otsaansa tai käteensä niin hänkin
on juova Jumalan vihan viiniä, joka sekoittamattomana
on kaadettu hänen vihansa maljaan, ja häntä pitää
tulella ja tulikivellä vaivattaman pyhien enkelien edessä
ja Karitsan edessä. Ja heidän vaivansa savu on nouseva
aina ja iankaikkisesti, eikä heillä ole lepoa päivällä
eikä yöllä, heillä, jotka petoa ja sen kuvaa kumartavat,
eikä kenelläkään, joka ottaa sen nimen merkin. Tässä
on pyhien kärsivällisyys, niiden, jotka pitävät Jumalan
käskyt ja Jeesuksen uskon" (Ilmestyskirja 14:9-12).

Kaikki pedon merkin ottaneet ihmiset tulevat kuuliaisiksi Jumalaa vastustavalle antikristukselle. Tämän tähden Raamattu painottaa, että kukaan pedon merkin ottanut henkilö ei voi pelastua. Suuren ahdistuksen aikana tästä tietoisia olevat henkilöt tulevat uskonsa merkiksi tekemään parhaansa jotta heidän ei tarvitsisi ottaa pedon merkkiä vastaan

Antikristuksen identiteetti paljastetaan selvästi. Hän tulee leimaamaan epäpuhtaaksi kaikki yhteiskunnan elementit jotka vastustavat hänen käytäntöään ja kieltäytyvät ottamasta merkkiä, ja hän tulee puhdistamaan heidät yhteiskunnasta syyttäen heitä yhteiskunnan rauhan rikkomisesta. Hän tulee myös pakottamaan heidät kieltämään Jeesuksen Kristuksen ja ottamaan pedon merkin. Jos he vastustavat tätä he joutuvat kokemaan ankaraa vainoa ja marttyyriuden.

Pelastus pedon merkistä kieltäytymisen marttyyriuden kautta

Pedon merkistä seitsemän vuotta kestävän ahdistuksen aikana kieltäytyvien kärsimykset tulevat olemaan käsittämättömän ankaria. Nämä kärsimykset ovat liian ankaria kestettäviksi, ja siten vain harva henkilö tulee kestämään ne ja saamaan viimeisen mahdollisuuden pelastua. Osa heistä tulee sanomaan: "Minä en hylkää uskoani Herraan. Minä silti uskon Häneen sydämeni pohjasta. Kärsimykset ovat niin ankaria että minä kiellän Herran pelkän suuni avulla. Jumala kyllä ymmärtää minua ja pelastaa minut." Sitten he ottavat pedon merkin vastaan. He eivät kuitenkaan voi saada pelastusta.

Muutama vuosi sitten minun ollessani rukouksessa Jumala näytti minulle näyn siitä kuinka osa suureen ahdistukseen jäävistä ihmisistä tulee vastustamaan pedon merkin ottamista ja kuinka heitä piinataan. Tämä oli todella kauhistuttava näky! Piinaajat nylkivät henkilön, rikkoivat kaikki kehon nivelet, katkoivat sormet, varpaat, kädet ja jalat poikki ja kaatoivat kiehuvaa öljyä hänen päälleen.

Kauhistuttavat teurastukset ja piinat kävivät toteen toisen maailmansodan aikana. He myös tekivät kauhistuttavia

147

Katso ja kuule!

lääketieteellisiä kokeita eläville ihmisille. Näitä piinoja ei voida verrata seitsemänvuotisen ahdistuksen piinoihin. Tempauksen jälkeen antikristus on yhdessä paholaisen kanssa ja hän tulee hallitsemaan maailmaa, eikä hän tule osoittamaan lainkaan armoa tai myötätuntoa kenellekään.

Paholais-vihollinen ja antikristus tekevät kaikkensa jotta ihmiset kieltäisivät Jeesuksen ja he joutuisivat siten helvettiin. He kiduttavat uskovia hyvin taidokkailla ja julmilla tavoilla heitä kuitenkaan heti tappamatta. Kaikenlaiset kidutuskeinot ja modernit kidutusvälineet saavat uskovat hätääntymään ja kärsimään kipuja. Kauhistuttavat piinat kuitenkin vain jatkuvat jatkumistaan.

Kidutettavat toivovat kuolevansa mahdollisimman nopeasti, mutta he eivät voi valita kuolemaa sillä antikristus ei tapa heitä helposti ja he tietävät että itsemurha ei voi johtaa pelastukseen.

Jumala näytti minulle näyssä kuinka suurin osa näistä ihmisistä murtuu kivun alla ja alistuu antikristuksen edessä. Jonkin aikaa osa heistä näyttää kestävän ja sietävän kidutusta vahvan tahtonsa avulla, mutta nähdessään kuinka heidän rakkaita lapsiaan tai vanhempiaan kidutetaan he kuitenkin luopuvat vastarinnasta, antautuvat antikristukselle ja ottavat pedon merkin vastaan.

Näiden piinattujen ihmisten joukossa on muutama hiljainen henki jotka omaavat suoraselkäisen ja totuudenmukaisen sydämen, ja nämä henget tulevat sietämään kauheita piinoja sekä antikristuksen houkutuksia ja kokemaan martyyriuden kuoleman. Joten uskostaan suuren ahdistuksen aikana marttyyriuden avulla kiinni pitäneet henkilöt voivat ottaa osaa pelastuksen paraatiin.

Tie pelastukseen tulevasta ahdistuksesta

Toisen maailmansodan puhjetessa Saksassa rauhanomaisesti eläneet juutalaiset eivät epäilleet että kuuden miljoonan ihmisen murhan kaltainen hirmuteko odotti heitä tulevaisuudessa. Kukaan ei tiennyt eikä ennustanut että heille rauhan ja suhteellisen vakauden lähteenä ollut Saksa voisi muuttua niin nopeasti pahaksi voimaksi.

Tuona aikana juutalaiset olivat avuttomia eivätkä he voineet tehdä mitään tämän piinan välttämiseksi, sillä kukaan ei tiennyt mitä oli tuleva tapahtumaan. Jumala tahtoo että Hänen valitut lapsensa voivat välttää lähitulevaisuuden tulevat katastrofit. Tämän tähden Jumala kirjasi maailman lopun yksityiskohtaisesti Raamattuun ja Hän salli Jumalan miesten varoittaa Israelia tulevista koettelemuksista heidät herättääkseen.

Kaikista tärkeintä Israelille on tietää että tulevilta koettelemuksilta ei voida välttyä, ja sen sijaan että Israel välttyisi suurelta ahdistukselta se tulee olemaan sen keskuksessa. Minä toivon että sinä ymmärtäisit että koettelemukset tulevat alkamaan hyvin pian ja että ne tulevat kohtaamaan sinut kuin varas yöllä jos sinä et ole valmistautunut. Sinun täytyy herätä hengellisestä unesta jos sinä tahdot paeta näitä kauheita katastrofeja.

Nyt on hetki jolloin Israelin täytyy herätä! Heidän täytyy katua että he eivät tunnistaneet Messiasta sekä ottaa Jeesus Kristus vastaan koko ihmiskunnan Pelastajana, ja heidän täytyy omata todellista uskoa jonka Jumala tahtoo heidän omaavan jotta he voisivat riemuita iloiten nähdessään kuinka Herra palaa ilmojen halki.

Minä kehotan sinua muistamaan että antikristus tulee ilmestymään sinun eteesi rauhan sanansaattajana aivan kuin Saksa ennen toista maailmansotaa. Hän tulee tarjoamaan rauhaa ja mukavuutta mutta sitten hyvin nopeasti ja yllättäen antikristuksesta tulee suuri voima. Tämä voima kasvattaa valtaansa ja lopulta hän tulee tuomaan kuvittelemattomia kärsimyksiä ja katastrofeja.

Kymmenen varvasta

Raamatussa on useita profeetallisia kohtia jotka kertovat tulevaisuuden tapahtumista. Erityisesti Vanhan testamentin suurten profeettojen kirjoihin kirjatut profetiat kertovat meille etukäteen sekä Israelin että koko maailman tulevaisuudesta. Minkä sinä luulet olevan tähän syynä? Jumalan valittu Israelin kansa on ollut ja tulee olemaan ihmiskunnan historian keskipiste.

Danielin profetiaan kirjattu suuri kuvapatsas

Danielin kirja profetoi sekä Israelin tulevaisuudesta että siitä mitä maailmalle tulee tapahtumaan suhteessa Israeliin sen viimeisten päivien aikana. Danielin kirjan jakeissa 2:31-33 Daniel tulkitsi Jumalan inspiroimana kuningas Nebukadnessarin unen, ja tämä tulkinta oli profetia siitä mitä maailman loppumisen aikoina tulee tapahtumaan.

Sinä näit, kuningas, katso, oli iso kuvapatsas. Se kuvapatsas oli suuri, ja sen kirkkaus oli ylenpalttinen. Se seisoi sinun edessäsi, ja se oli hirvittävä nähdä. Kuvan pää oli parasta kultaa, sen rinta ja käsivarret hopeata,

Katso ja kuule!

sen vatsa ja lanteet vaskea. Sen sääret olivat rautaa, sen jalat osaksi rautaa, osaksi savea (Daniel 2:31-33).

Mitä nämä profetiat sitten kertovat lopun päivien maailmantilanteesta?

Kuningas Nebukadnessarin unessaan näkemä "iso kuvapatsas" on Euroopan unioni. Nykyään maailmaa hallitsee kaksi voimaa – Yhdysvallat sekä Euroopan unioni. Myöskään Venäjän tai Kiinan vaikutusvaltaa ei voida tietenkään kiistää. Yhdysvallat ja Euroopan unioni ovat kuitenkin silti maailman vaikutusvaltaisimmat valtiot talouden ja sotilaallisen voiman suhteen. Tällä hetkellä EU vaikuttaa hieman heikolta mutta se tulee kuitenkin laajenemaan yhä enemmän. Kukaan ei epäile tätä nykypäivänä. Tähän saakka USA on ollut maailman ainut suurvalta mutta pikkuhiljaa EU tulee olemaan sitäkin vaikutusvaltaisempi maailman joka kolkassa.

Vain muutama vuosikymmen sitten kukaan ei olisi voinut edes kuvitella että Eurooppa voisi yhdistyä yhden hallintosysteemin alle. Euroopan maat ovat tietenkin keskustelleet Euroopan unionista jo kauan aikaa, mutta kukaan ei voinut tietää että ne tulisivat ylittämään kansallisten identiteettien, kielien, valuuttojen sekä useiden muiden asioiden muodostamat vaikeudet muodostaakseen yhden ainoan yhteisön.

1980-luvun lopulla eurooppalaisten maiden johtajat alkoivat kuitenkin keskustella asiasta vakavasti taloudellisten huolien tähden. Kylmän sodan aikana maailman johtamiseen tarvittiin sotilaallista voimaa mutta kylmän sodan päätyttyä voimatasapaino muuttui sotilaallisesta voimasta taloudelliseen voimaan.

Tämän tähden Euroopan maat ovat yrittäneet yhdistyä, mikä on johtanut niiden yhdistymiseen taloudellisessa liitossa. Nyt jäljelle on jäänyt ainoastaan poliittinen yhdistyminen sekä maiden tuominen yhden hallintosysteemin alaiseksi. Tällä hetkellä nämä tavoitteet ovat käymässä toteen.

Daniel 2:31 sanoo: *"se kuvapatsas oli suuri, ja sen kirkkaus oli ylenpalttinen,"* ja tämä profetoi Euroopan unionin kasvusta ja aktiviteetista. Se kertoo kuinka vahva ja voimakas Euroopan unioni tulee olemaan.

EU tulee omaamaan paljon valtaa

Kuinka EU saa niin paljon valtaa? Alkaen jakeesta 2:32 Daniel antaa meille tähän vastauksen selittämällä mistä patsaan pää, rinta, käsivarret, vatsa, lanteet ja sääret on tehty.

Ensinnäkin, jae 32 sanoo, että: *"Kuvan pää oli parasta kultaa."* Tämä profetoi että EU tulee kasvamaan taloudellisesti ja se tulee omaamaan paljon taloudellista valtaa vaurautensa tähden. Tämän mukaan EU tulee hyötymään ja edistymään paljon taloudellisen yhteyden ansiosta.

Sama jae sanoo myös: "sen rinta ja käsivarret hopeata." Tämä symboloi sitä, että EU tulee näyttämään sekä sosiaalisesti, kulttuurisesti että poliittisesti yhdistyneeltä. EU tulee näyttämään ulospäin poliittisesti yhdistyneeltä kun se valitsee itselleen yhden yhteisen presidentin, ja tällöin se tulee olemaan täysin yhdistynyt sosiaalisesti ja kulttuurisesti. Kaikki jäsenet ajavat kuitenkin omia etujaan epätäydellisessä yhteisössä.

Seuraavaksi profetia sanoo: "sen vatsa ja lanteen vaskea." Tämä symboloi EU saavuttamaa sotilaallista yhteyttä. Kaikki EU:n maat haluavat omata taloudellista voimaa. Tämä sotilaallinen liittoutuma tulee olemaan elintärkeä taloudellisten hyötyjen, lopullisten päämäärien, kannalta. Voidakseen liittyä maailman hallitsemiseen tarvittavan taloudellisen vallan kaappaukseen näiden maiden on yhdistyttävä sosiaalisesti, kulttuurisesti, poliittisesti sekä sotilaallisesti.

Lopulta se sanoo, että "sen sääret olivat rautaa." Tämä viittaa toiseen vakaaseen perustukseen EU:n vahvistamiseksi ja tukemiseksi uskonnollisen yhdistymisen kautta. Alussa EU tulee julistamaan katolilaisuuden sen viralliseksi uskonnoksi. Katolilaisuus tulee voimistumaan ja siitä tulee mekanismi joka tukee EU:n vahvistumista.

Kymmenen varpaan hengellinen merkitys

EU tulee onnistumaan monen maan yhdistämisessä niin taloudellisesti, poliittisesti, sosiaalisesti, kulttuurisesti, taloudellisesti kuin uskonnollisestikin. Aluksi se tulee olemaan yksimielinen ja voimakas, mutta pikkuhiljaa se alkaa kokea erimielisyyksiä.

EU:n alkuvaiheessa sen maat yhdistyvät sillä ne tekevät toisilleen myönnytyksiä yhteisten taloudellisten etujen tähden. Ajan kuluessa alkaa kuitenkin ilmestymään sosiaalisia, kulttuurillisia sekä ideologisia eroja ja erimielisyyksiä. Sitten ilmestyy useita jakautumisen merkkejä. Lopulta uskonnolliset konfliktit katolilaisten ja protestanttien välillä tulevat julkisiksi.

Daniel 2:32 sanoo: "sen jalat osaksi rautaa, osaksi savea." Tämä tarkoittaa että osa sen kymmenestä varpaasta on raudasta ja loput savesta. Kymmenen varvasta eivät viittaa "EU:n kymmeneen maahan." Nämä viittaavat "viiteen katolilaisuuteen uskovaan jäsenmaahan ja viiteen muuhun protestanttiseen uskovaan jäsenmaahan."

Rauta ja savi eivät sekoitu keskenään, ja samalla tavalla valtaosin katoliset ja valtaosin protestanttiset maat eivät voi yhdistyä täysin keskenään. Hallitsevat ja hallitut eivät sekoitu keskenään.

EU:n riitaisuuden merkkien lisääntyessä he pitävät yhä välttämättömämpänä että maat yhdistyvät uskonnollisesti, ja niin katolilaisuus saa lisää valtaa useissa paikoissa.

Joten Euroopan unioni muodostetaan viimeisten päivien aikana taloudellisten etujen tähden ja se tulee omaamaan valtaisia voimia. Myöhemmin EU tulee yhdistämään sen uskonnot katolilaisuuden alle ja EU:n yhtenäisyys vahvistuu entisestään,. Lopulta EU:sta tulee itsestään epäjumala.

Epäjumalat ovat esineitä joita ihmiset palvovat ja kunnioittavat. Täten EU tulee johtamaan maailmaa suurella voimalla ja se tulee hallitsemaan maailmaa kuin voimakas epäjumala.

Kolmas maailmansota ja Euroopan unioni

Kuten jo aiemmin on todettu, lukemattomat uskovat tulevat temmatuiksi ilmaan samanaikaisesti kun Herra palaa ilmojen halki maailman lopun aikoina ja suunnaton kaaos valtaa maailman. Samaan aikaan EU tulee ottamaan vallan itselleen ja se tulee hallitsemaan maailmaa hetken aikaa rauhan ja järjestyksen pitämisen nimissä. Myöhemmin se kuitenkin vastustaa Herraa ja johtaa seitsemänvuotista suurta ahdistusta.

Myöhemmin EU:n jäsenet eroavat sillä he ajavat kukin omia etujaan. Tämä tulee tapahtumaan seitsemänvuotisen suuren ahdistuksen puolessa välissä. Tämä ahdistuksen alkuvaihe tulee tapahtumaan Israelin historian kulun ja maailmanhistorian mukaisesti aivan kuten Danielin kirjan 12. luku profetoi.

EU tulee saamaan paljon valtaa ja voimaa heti sen jälkeen kun tämä seitsemänvuotinen suuri ahdistus alkaa. He valitsevat itselleen yhteisen unionin presidentin. Tämä tulee tapahtumaan pian sen jälkeen kun Jeesuksen Kristuksen Pelastajakseen hyväksyneet ja Jumalan lapsiksi kutsuttavat muuttavat muotoaan ja tempautuvat ilmaan Herran toisen tulemisen yhteydessä. Suurin osa juutalaisista jotka eivät ota Jeesusta Pelastajakseen jäävät maan päälle kokemaan seitsemänvuotisen suuren ahdistuksen. Suuren ahdistuksen kurjuus ja kauhu tulevat olemaan niin kauhistuttavia ettei niitä voida edes sanoin kuvata. Maa tulee olemaan täynnä sydäntäsärkeviä tapahtumia, kuten esimerkiksi sotia, murhia, teloituksia, nälänhätiä, sairauksia sekä luonnonmullistuksia jotka ovat voimakkaampia kuin mitkään muut ihmiskunnan historian mullistukset.

Merkki siitä että seitsemänvuotinen suuri ahdistus on alkanut tulee löytymään Israelista jossa sota puhkeaa sen ja Lähi-idän välille. Israelin ja muiden Lähi-idän valtioiden välillä on jo kauan aikaa ollut paljon jännitteitä ja rajakiistat ovat olleet aina yleisiä sen ja sen naapureiden välillä. Tulevaisuudessa nämä kiistat tulevat vain pahenemaan. Supervallat sekaantuvat asioihin öljyn tähden ja tämä tulee johtamaan vakavaan sotaan. Ne tulevat riitelemään keskenään saadakseen enemmän vaikutusvaltaa ja etuja kansainvälisissä asioissa.

Perinteisesti Israelin liittolaisena ollut Yhdysvallat tulee tukemaan sitä kauan aikaa. Yhdysvaltoja vastaan olevat Euroopan unioni, Kiina sekä Venäjä tulevat liittoutumaan Lähi-idän kanssa ja sitten osapuolten välille syttyy kolmas maailmansota.

Katso ja kuule!

Kolmas maailmansota tulee olemaan mittakaavaltaan täysin erilainen toiseen maailmansotaan verrattuna. Toisen maailmansodan aikana yli 50 miljoonaa ihmistä kuoli sodassa tai sen aiheuttamana. Nykyään moderneihin aseihin kuuluu ydinaseita, kemiallisia sekä biologisia aseita sekä muita tuhovälineitä joita ei voida verrata toisen maailmansodan aseistukseen. Näiden käytöstä johtuva tuho tulee olemaan järkyttävää.

Sota tulee näkemään kuinka siinä käytetään säälimättä kaikenlaisia aseita mukaanlukien ydinaseita ja muita huipputeknologisia välineitä, ja tämä tulee johtamaan kuvaamattomaan tuhoon ja teurastukseen. Sotaan osaaottaneet maat tuhoutuvat ja menettävät kaiken varallisuutensa. Tämä ei tule kuitenkaan olemaan sodan loppu. Ydinräjähdyksiä seuraavat radioaktiiviset laskeumat, radioaktiivinen saaste, ilmastonmuutos sekä luonnonmullistukset vaikuttavat koko maailmaan. Tämän johdosta sotaakäyvien maiden lisäksi koko maailma muuttuu maanpäälliseksi helvetiksi.

Eräässä vaiheessa sotaa maat lopettavat ydinaseiden käytön sillä niiden käyttö uhkaa koko ihmiskunnan olemassaoloa. Kaikki muut aseet ja armeijoiden sankat joukot kuitenkin vain kiihdyttvät sotaa. Yhdysvallat, Kiina ja Venäjä eivät toivu tästä. Suurin osa maailman maista saavuttaa melkein luhistumispisteen mutta EU välttyy pahimmalta tuholta. EU lupaa Kiinalle ja Venäjälle tukensa, mutta sodan aikana EU ei ota aktiivisesti osaa taisteluun eikä se siten kärsi niin paljon kuin muut.

Useat maailman valtiot USA mukaanlukien kärsivät suurista tappioista ja ne menettävät valtansa yllättävän sodan pyörremyrskyssä. EU:sta tulee kuitenkin maailman voimakkain liittouma ja se tulee hallitsemaan maailmaa. Aluksi EU tulee vain seuraamaan sodan kehittymistä sivusta. Mutta kun muut maat ovat täysin tuhoutuneita niin sotilaallisesti kuin taloudellisestikin se tulee astumaan esiin ratkaistaakseen sodan kulun. Muilla mailla ei ole muuta mahdollisuutta kuin seurata EU:n päätöksiä sillä ne ovat menettäneet kaiken valtansa.

Tästä alkaa seitsemänvuotisen suuren ahdistuksen jälkipuolisko, ja seuraavan kolmen ja puolen vuoden aikana EU:ta hallitseva antikristus tulee hallitsemaan koko maailmaa ja tekemään itsestään jumalan. Sitten antikristus tulee piinaamaan ja vainoamaan häntä vastustavia ihmisiä.

Antikristuksen todelliset piirteet paljastuvat

Useat maat kärsivät suuria menetyksiä kolmannen maailmansodan alkuvaiheessa ja EU lupaa niille taloudellista tukea Kiinan ja Venäjän kautta. Israel on uhrattu sodan keskipisteenä ja tällä kertaa EU lupaa rakentaa Israelin niin kaipaaman Jumalan pyhän temppelin. Tämä EU:n lupauksen rohkaisemana Israel unelmoi saavansa takaisin sen kunnian ja kirkkauden josta se nautti Jumalan siunausten johdosta kauan aikaa sitten. Tämän johdosta myös Israel liittoutuu EU:n kanssa. Tämän Israelin tuen tähden EU:n presidenttiä pidetään

159

Katso ja kuule!

juutalaisten pelastajana. Lähi-idän pitkittynyt sotatila näyttää päättyvän ja he alkavat jälleenrakentaa Pyhää maata ja pystyttää Jumalan temppeliä. He uskovat että heidän niin kauan odottamansa Messias ja heidän Kuninkaansa on vihdoin saapunut ja palauttanut Israelin kunnian ja kirkastanut heidät kaikki.

Heidän ilonsa ja odotuksensa kuitenkin laimenevat hyvin pian. Jotakin odottamatonta tulee tapahtumaan kun Jumalan pyhä temppeli rakennetaan Jerusalemiin. Tämä on profetoitu Danielin kirjan kautta.

Ja hän tekee liiton raskaaksi monille yhden vuosiviikon ajaksi, ja puoleksi vuosiviikoksi hän lakkauttaa teurasuhrin ja ruokauhrin; ja hävittäjä tulee kauhistuksen siivillä. Tämä loppuu vasta, kun säädetty tuomio vuodatetaan hävittäjän ylitse (Daniel 9:27).

Hänen lähettämänsä sotajoukot nousevat ja häväisevät pyhäkön linnoituksineen, poistavat jokapäiväisen uhrin ja asettavat sinne hävityksen kauhistuksen (Daniel 11:31).

Ja siitä ajasta, jolloin jokapäiväinen uhri poistetaan ja hävityksen kauhistus asetetaan, on oleva tuhat kaksisataa yhdeksänkymmentä päivää (Daniel 12:11).

Nämä kolme jaetta viittaavat yhteen ja samaan tapahtumaan. Tämä on se välikohtaus joka tulee tapahtumaan lopunaikoina, ja myös Jeesus puhui lopun ajoista seuraavassa jakeessa.

Hän sanoi Matteuksen jakeessa 25:15-16 seuraavasti: *"Kun te siis näette hävityksen kauhistuksen, josta on puhuttu profeetta Danielin kautta, seisovan pyhässä paikassa-joka tämän lukee, se tarkatkoon-silloin ne, jotka Juudeassa ovat, paetkoot."*

Aluksi juutalaiset uskovat että EU on rakentanut Jumalan pyhän temppeli pyhänä pitämäänsä Pyhään maahan. He kuitenkin järkyttyvät kun he näkevät pyhällä paikalla seisovan kauhistuksen ja he ymmärtävät että heidän uskonsa on ollut väärä. He ymmärtävät että he ovat kääntäneet silmänsä Jeesuksesta Kristuksesta ja että Hän on heidän Messiaansa ja ihmiskunnan Pelastaja.

Tästä syytä Israelin täytyy herätä nyt. Jos Israel ei nyt herää se ei kykene ymmärtämään totuutta oikealla hetkellä. Israel tulee ymmärtämään totuuden liian myöhään ja siten se tulee olemaan peruuttamatonta.

Joten minä toivon syvästi että sinä, Israel, heräisit niin että sinä et lankeasi antikristuksen houkutuksiin ja ottaisi vastaan pedon merkkiä. Jos sinä annat antikristuksen suloisten sanojen ja houkuttelevien rauhan ja vaurauden lupausten pettää itseäsi ja otat itseesi pedon merkin, sinä tulet lankeamaan peruuttamattoman ja ikuisen kuoleman polulle.

Kaikista valitettavinta on kuitenkin se, että vasta sitten kun pedon henkilöllisyys on paljastettu Danielin kirjan profetian mukaan monet juutalaiset tulevat ymmärtämään että heidän uskonsa painotus on ollut väärä. Minä toivon että tämän kirjan kautta te ottaisitte Jumalan jo lähettämän Messiaan vastaan ja välttäisitte seitsemänvuotisen suuren ahdistuksen.

Joten kuten minä olen jo sanonut, teidän täytyy ottaa Jeesus Kristus vastaan ja omata Jumalan silmissä sopivaa uskoa. Tämä on ainoa tapa jonka avulla te voitte välttää seitsemänvuotisen suuren ahdistuksen.

Mikä sääli olisikaan jos teitä ei temmattaisi taivaaseen vaan te jäisitte maahan Herran toisen tulemisen jälkeen! Onneksi te voitte kuitenkin saada toisen tilaisuuden pelastua.

Minä vilpittömästi anon että että ottaisitte Jeesuksen Kristuksen välittömästi vastaan ja että te eläisitte liitossa veljienne ja sisartenne kanssa Kristuksessa. Vielä ei ole liian myöhäistä oppia Raamatun ja tämän kirjan kautta kuinka te voitte pitää kiinni uskostanne tulevan suuren ahdistuksen aikana ja oppia kuinka Jumala on valmistanut teille tavan jolla te voitte saada vielä viimeisen tilaisuuden pelastua. Ei ole liian myöhäistä tulla paimennetuksi tälle pelastuksen polulle.

Jumalan vankkumaton rakkaus

Jumala on täyttänyt Hänen ihmiskunnan pelastuksen suunnitelmansa Jeesuksen Kristuksen kautta, ja rodusta ja kansallisuudesta huolimatta Jumala on tehnyt lapsekseen ja sallinut ikuisesta elämästä nauttimisen kenelle tahansa joka ottaa Jeesuksen elämäänsä Pelastajaksi ja seuraa Jumalan tahtoa. Mutta mitä on tapahtunut Israelille ja sen kansalle? Monet heistä eivät ole ottaneet Jeesusta Kristusta vastaan ja he pysyttelevät kaukana pelastuksen polulta. Mikä sääli onkaan että he eivät tule ymmärtämään että tie pelastukseen kulkee Jeesuksen Kristuksen kautta edes silloin kun Herra tulee palaamaan ilmojen halki ja Jumalan lapset tulevat temmatuiksi ilmaan! Mitä Jumalan valitulle Israelille tulee sitten tapahtumaan? Tulevatko he jätetyksi pelastettujen Jumalan lasten paraatin ulkopuolelle? Rakkauden Jumala on valmistanut uskomattoman suunnitelmansa Israelia silmällä pitäen jonka on määrä käydä toteen ihmiskunnan historian viimeisillä hetkillä.

Ei Jumala ole ihminen, niin että hän valhettelisi, eikä ihmislapsi, että hän katuisi. Sanoisiko hän jotakin eikä sitä tekisi, puhuisiko jotakin eikä sitä täyttäisi?
(Sananlaskut 23:19)

Katso ja kuule!

Mikä on tämä viimeinen suunnitelma jonka Jumala on suunnitellut Israelia varten lopun aikoina? Jumala on valmistellut valitulle Israelin kansalleen "korjuujätteiden pelastuksen" jotta he voivat astua pelastukseen ymmärtämällä että ristiinnaulittu Jeesus on todellakin heidän niin kauan odottamansa Messias sekä katumalla syntejään Jumalan edessä.

Korjuujätteiden pelastus

Nähtyään kuinka lukuisat ihmiset ovat tempautuneet ilmaan ja ymmärrettyään totuuden osa seitsemänvuotisen suuren ahdistuksen aikana maahan jääneistä ihmisistä tulee uskomaan ja hyväksymään sydämessään että taivas ja helvetti ovat todellakin olemassa, että Jumala on elossa ja että Jeesus Kristus on meidän ainoa Pelastajamme. He yrittävät lisäksi välttää pedon merkin ottamista. Tempauksen jälkeen he muuttuvat sisimmässään, lukevat Raamattuun kirjattua Jumalan sanaa, kokoontuvat yhteen jumalanpalveluksia varten ja yrittävät elää Jumalan sanan mukaisesti.

Suuren ahdistuksen alkuvaiheessa monet ihmiset voivat elää uskonnollista elämää ja jopa evankelioida muita sillä järjestäytynyt vaino ei ole vielä alkanut. He eivät halua ottaa vastaan pedon merkkiä sillä he ovat jo tietoisia siitä että he eivät voi pelastua merkin kanssa ja he yrittävät parhaansa elääkseen elämän joka olisi pelastuksen arvoinen jopa suuren ahdistuksen aikana. Heidän on kuitenkin hyvin vaikeaa pitäytyä uskossa sillä

Pyhä Henki on jättänyt maailman.

Monet heistä tulevat vuodattamaan lukuisia kyyneleitä sillä heillä ei ole ketään joka johtaisi jumalanpalveluksia ja auttaisi heitä lisäämään uskoaan. Heidän täytyy pitää kiinni uskostaan ilman Jumalan suojelusta ja voimaa. He ovat suruissaan sillä he katuvat että he eivät ole seuranneet Jumalan sanan opetuksia vaikka heitä kehotettiinkin ottamaan Jeesus Kristus vastaan ja elämään uskollisia ja uskovia elämiä. Heidän täytyy pitää kiinni uskostaan tässä maailmassa kaikenlaisten koettelemusten ja vainojen keskellä jotka tekevät Jumalan todellisen sanan löytämisen hyvin vaikeaksi.

Osa heistä piiloutuu syvälle kaukaisten vuorien kätköihin välttyäkseen ottamasta pedon '666'-merkkiä. Heidän täytyy etsiä kasvien ja puiden juuria ja tappaa eläimiä ruuaksi sillä he eivät voi ostaa mitään tai myydä mitään ruuan saamiseksi ilman pedon merkkiä. Suuren ahdistuksen jälkipuoliskon aikana antikristuksen armeija tulee jahtaamaan uskovia taukoamatta ja herpaantumatta kolmen ja puolen vuoden ajan. Heidät löydetään ja ja viedään pois armeijan toimesta olivat he piileskelemässä sitten missä tahansa syrjäisten vuorien syvyyksissä.

Pedon hallitus tulee ottamaan kiinni kaikki jotka eivät ole ottaneet merkkiä ja se tulee pakottamaan heidät kieltämään Herran ja ottamaan merkin vastaan ankaran piinauksen avulla. Lopulta monet heistä tulevat antamaan periksi eikä heillä ankarien kipujen ja kauhun tähden ole muuta vaihtoehtoa kuin ottaa merkki vastaan.

Armeija tulee ripustamaan heidät alastomana muurille ja lävistämään heidän kehonsa seipäällä. He nylkevät ihon koko kehosta aina päästä varpaisiin saakka. He kiduttavat heidän lapsiaan heidän silmiensä edessä. Armeijan suorittamat kidutukset ovat niin julmia että marttyyrikuoleman kuoleminen on erittäin vaikeaa.

Tämän tähden vain harva ihminen tulee sietämään kaikkia kidutuksia vahvalla tahdonvoimalla ja ihmisvoimia suuremmalla kestävyydellä, ansaiten siten itselleen pelastuksen ja taivaspaikan.

Joten jotkut ihmiset tulevat pelastumaan pitämällä kiinni uskostaan Herraa pettämättä ja he tulevat uhraamaan elämänsä marttyriydessa antikristuksen vallan alla suuren ahdistuksen aikana. Tätä kutsutaan "korjuujätteiden pelastukseksi."

Jumalalla on salaisuuksia jotka koskevat Hänen valittujaan varten suunniteltua korjuujätteiden pelastusta. Nämä ovat kaksi todistajaa ja Petra-niminen paikka.

Kahden todistajan työn ilmestyminen

Ilmestyskirja 11:3 sanoo, *"Ja minä annan kahdelle todistajalleni toimeksi säkkipukuihin puettuina profetoida tuhannen kahdensadan kuudenkymmenen päivän ajan."* Nämä kaksi todistajaa ovat ihmisiä jotka Jumala on asettanut ennen aikojen alkua pelastamaan Hänen valitun kansansa Israelin. He tulevat todistamaan Israelin juutalaisille että Jeesus Kristus on se Messias josta on profetoitu Vanhassa testamentissa.

Jumala on puhunut minulle näistä kahdesta todistajasta. Hän kertoi että he eivät ole kovin vanhoja, että he kulkevat vanhurskaudessa ja että he omaavat oikeamielisen sydämen. Hän antoi minun tietää minkälaisia tunnustuksia toinen näistä todistajasta lausuu Jumalan edessä. Hänen tunnustuksensa kertoo että hän on uskonut juutalaisuuteen mutta kuullut että monet ihmiset uskovat Jeesuksen Kristuksen olevan Pelastaja ja että hän on kuullut kuinka nämä ihmiset puhuvat Hänestä. Joten hän rukoilee Jumalaa jotta Hän auttaisia häntä erottamaan mikä on oikein, sanoen:

"Hyvä Jumala!

Mikä vaivaa sydäntäni?
Minä uskon kaiken sen olevan totta,
mitä minä olen kuullut vanhemmiltani ja joka
on minulle kerrottu
aina siitä lähtien kun olen ollut nuori,
mutta mitä ovat nämä sydämessäni olevat vaivat
ja kysymykset?

Monet ihmiset puhuvat ja kertovat Messiaasta.

Mutta kunpa joku voisi näyttää minulle
äänen ja selvien todistusten avulla
onko heihin uskominen oikein
vai pitäisikö minun uskoa siihen mitä olen kuullut

167
Katso ja kuule!

nuoruudestani lähtien.
Minä olisin iloinen ja kiitollinen jos joku näin tekisi.

Mutta minä en voi nähdä mitään
ja seuratakseni mitä ihmiset puhuvat
minun pitää pitää kaikkea tarkoituksettomana ja turhana sitä
mitä minä olen nuoruudestani lähtien kuullut.
Mikä on todella oikein Sinun silmissäsi?

Isä Jumala!
Jos se on sinun tahtosi
näytä minulle henkilö
joka voi perustaa kaiken ja joka ymmärtää kaiken.
Anna hänen saapua eteeni ja opettaa minulle
mikä on oikein ja mikä on oikea totuus.

Katsoessani ylös taivaalle
minun sydämessäni asuu epäilys
ja jos on joku joka pystyy ratkaisemaan tämän ongelman
johdata hänet luokseni.

Minä en pysty pettämään kaikkea sitä mihin olen
sydämesäni uskonut
ja miettiessäni näitä asioita
jos on joku joka pystyy opettamaan ja ohjastamaan minua
jos hän pystyy näyttämään minulle mikä on totta
niin silloin minä en petä kaikkia näitä asioita

joita minä olen oppinut ja nähnyt.

Joten, Isä Jumala!
Anna minun nähdä.

Anna minulle ymmärrystä kaiken tämän suhteen.

Niin monet asiat vaivaavat minua.

Minä uskon että kaikki mitä olen tähän mennessä
kuullut on totta.

Mutta miettessäni näitä asioista yhä uudestaan
minussa herää useita kysymyksiä ja janoni on tyydyttämätön.
Miksi näin on?

Joten jos minä voisin vain nähdä nämä asiat
ja olla niistä varma.

jos minä vain voisin olla varma että se ei ole sen pettämistä
mihin minä olen aiemmin uskonut
vasta sitten kun minä tiedän kaiken
mitä minä olen miettinyt
minä voin saada rauhan sydämeeni."

Kaksi juutalaista todistajaa etsivät puhdasta totuutta ja
Jumala tulee vastaamaan heille ja lähettämään heille Jumalan
miehen. Jumalan miehen kautta he tulevat ymmärtämään
Jumalan ihmisten jalostuksen suunnitelman ja ottamaan

Jeesuksen Kristuksen vastaan. He tulevat jäämään maahan seitsemänvuotisen suuren ahdistuksen ajaksi ja tekemään hengellistä työtä jotta Israel voisi katua ja pelastua. He tulevat saamaan erityisen voiman Jumalalta ja todistamaan Jeesuksesta Kristukselta Israelin edessä.

He tulevat olemaan täysin pyhittyneitä Jumalan edessä ja he tekevät työtään 42 kuukauden ajan kuten Ilmestyskirja 11:2 ilmoittaa. Syy siihen että nämä kaksi todistajaa saapuvat Israeliin on Israelin evankeliumin alku ja loppu. Apostoli Paavali vei evankeliumin maailmaan ja nyt se saapuu taas Israeliin, sen syntypaikkaan. Tämän jälkeen evankeliumin työ on tehty.

Jeesus sanoo Apostolien teoissa 1:8 seuraavasti: *"vaan, kun Pyhä Henki tulee teihin, niin te saatte voiman, ja te tulette olemaan minun todistajani sekä Jerusalemissa että koko Juudeassa ja Samariassa ja aina maan ääriin saakka"* "Maan ääriin saakka" viittaa tässä Israeliin joka tulee olemaan evankeliumin viimeinen määränpää.

Kaksi todistajaa tulevat saarnaamaan ristin sanomaa juutalaisille ja selittämään heille pelastuksen tiestä Jumalan palavalla voimalla. He tulevat myös tekemään ihmeellisiä tekoja sekä merkkejä jotka vahvistavat heidän sanomaansa. He tulevat omaamaan voiman sulkea taivaan niin että sade ei tule lankeamaan heidän profetointipäivinään ja he tulevat lisäksi omaamaan voiman hallita vettä niin että se muuttuu vereksi. He voivat myös rankaista maata kaikilla vitsauksilla niin usein kuin he haluavat. Useat juutalaiset tulevat palaamaan Herran luokse tämän kautta mutta samaan aikaan toiset menettävät omatuntonsa ja yrittävät tappaa nämä kaksi todistajaa. Juutalaisten lisäksi monet muut toisista antikristuksen vallan olevista maista kotoisin olevat pahat ihmiset vihaavat kahta todistajaa ankarasti yrittäen tappaa heidät.

Kahden todistajan marttyyrius ja ylösnousemus

Kahden todistajan omaava voima on niin voimakas että kukaan ei uskalla vahingoittaa heitä. Loopulta valtion valtaapitävät ottavat osaa heidän tappamiseensa. Kahta todistajaa ei kuitenkaan tapeta valtion johtajien tähden vaan koska on Jumalan tahto että nämä kaksi tulevat martyyreiksi tietyllä hetkellä. Paikka jossa he tulevat martyyreiksi on sama paikka missä Jeesus naulittiin ristille, ja tämä viittaa myös heidän ylösnousemukseensa.

Jeesuksen tullessa ristiinnaulituksi roomalaiset sotilaat vartioivat Hänen hautaansa niin että kukaan ei pystynyt varastamaan Hänen ruumistaan. Ihmiset jotka tulevat olemaan vastuussa kahden todistajan kuolemasta tulevat muistamaan tämän ja olemaan huolissaan että joku saattaisi viedä heidän ruumiinsa. Joten he eivät tule sallimaan ruumiiden hautaamista hautaan vaan he jättävät ne tielle makaamaan niin että kaikki maailman ihmiset voivat nähdä heidän kuolleet ruumiinsa. Tämän nähdessään kahden todistajan saarnaaman evankeliumin

171

Katso ja kuule!

vihastuttamat ihmiset tulevat iloitsemaan suuresti heidän kuolemansa johdosta.

Koko maailma tulee iloitsemaan ja juhlimaan ja viestintävälineet tulevat levittämään uutisen heidän kuolemastaan koko maailmalle satelliittien kautta kolmen ja puolen päivän ajan. Kolme ja puoli päivää myöhemmin nämä kaksi todistajaa nousevat kuolleista. He palaavat eloon, nousevat ylös ja nousevat taivaaseen kirkkauden pilvessä aivan kuten Elia joka nousi taivaaseen tuulenpyörteessä. Tämä ihmeellinen näky leviää ympäri maailmaa ja lukemattomat ihmiset tulevat näkemään sen.

Tuolla hetkellä tapahtuu suuri maanjäristys ja kymmenesosa kaupungista luhistuu ja seitsemän tuhatta ihmistä menettää henkensä tässä mullistuksessa. Ilmestyskirja 11:3-13 kuvaa tämän yksityiskohtaisesti seuraavanlaisesti:

Ja minä annan kahdelle todistajalleni toimeksi säkkipukuihin puettuina profetoida tuhannen kahdensadan kuudenkymmenen päivän ajan. Nämä ovat ne kaksi öljypuuta ja ne kaksi lampunjalkaa, jotka seisovat maan Herran edessä. Ja jos joku tahtoo heitä vahingoittaa, lähtee tuli heidän suustaan ja kuluttaa heidän vihollisensa; ja jos joku tahtoo heitä vahingoittaa, on hän saava surmansa sillä tavalla. Heillä on valta sulkea taivas, niin ettei sadetta tule heidän profetoimisensa päivinä, ja heillä on valta muuttaa vedet vereksi ja lyödä maata kaikkinaisilla vitsauksilla, niin usein kuin tahtovat. Ja kun he ovat lopettaneet todistamisensa, on peto, se, joka nousee syvyydestä, käyvä sotaa heitä vastaan ja voittava heidät ja tappava heidät. Ja heidän ruumiinsa viruvat sen suuren kaupungin kadulla, jota hengellisesti puhuen kutsutaan Sodomaksi ja Egyptiksi ja jossa myös heidän Herransa ristiinnaulittiin. Ja ihmiset eri kansoista ja sukukunnista ja kielistä ja kansanheimoista näkevät heidän ruumiinsa kolme ja puoli päivää, eivätkä salli, että heidän ruumiinsa pannaan hautaan. Ja ne, jotka maan päällä asuvat, iloitsevat heidän kohtalostaan ja riemuitsevat ja lähettävät lahjoja toisilleen; sillä nämä kaksi profeettaa olivat vaivanneet niitä, jotka maan päällä asuvat. Ja niiden kolmen ja puolen päivän kuluttua meni heihin Jumalasta elämän henki, ja he nousivat jaloilleen, ja suuri pelko valtasi ne, jotka näkivät heidät. Ja he kuulivat suuren äänen taivaasta sanovan heille: "Nouskaa tänne!" Niin he nousivat taivaaseen pilvessä, ja heidän vihollisensa näkivät heidät. Ja sillä hetkellä tapahtui suuri maanjäristys, ja kymmenes osa kaupunkia kukistui, ja maanjäristyksessä sai surmansa seitsemäntuhatta henkeä, ja muut peljästyivät ja antoivat taivaan Jumalalle kunnian.

Olivat ihmiset sitten kuinka itsepäisiä tahansa he tulevat silti ymmärtämään jos he omaavat vähänkin hyvyyttä

173

sydämessään että tämä suuri maanjäristys sekä kahden todistajan ylösnousemus ja taivaaseen astuminen ovat Jumalan työtä, ja he ylistävät tämän johdosta Jumalaa. Heidän on pakko myöntää että Jeesus nousi kuolleista Jumalan voimalla noin 2,000 vuotta sitten. Tästä kaikesta huolimatta jotkut pahat ihmiset eivät ylistä Jumalaa.

Minä kehoitan teitä kaikkia hyväksymään Jumalan rakkauden. Jumala tahtoo pelastaa teidät aina viimeiseen hetkeen saakka ja Hän tahtoo että te kuuntelisitte kahta todistajaa. Nämä kaksi todistajaa tulevat todistamaan Jumalan suuresta voimasta ja siitä että he ovat tulleet Jumalasta. He tulevat herättämään monia ihmisiä Jumalan rakkauteen ja tahtoon. He tulevat myös ohjaamaan teitä tarttumaan viimeiseen pelastuksen mahdollisuuteen.

Minä pyydän että te ette seisoisi teidät tuhon tielle johtavien paholaiselle kuuluvien vihollisten rinnalla vaan kuuntelisitte kahta todistajaa ja tulisitte siten pelastetuiksi.

Petra, juutalaisten turvapaikka

Toinen Jumalan valitulle Israelin kansalleen valmistamista salaisuuksista on seitsemänvuotisen suuren ahdistuksen aikana juutalaisten turvapaikkana toimiva Petra. Jesaja 16:1-4 puhuu tästä Petra-nimisestä paikasta:
"Lähettäkää maanhallitsijalle tulevat lampaat Selasta

erämaan kautta tytär Siionin vuorelle." Ja niinkuin pakenevat linnut, säikytetty pesue, ovat Mooabin tyttäret Arnonin kahlauspaikoilla. "Anna neuvo, käy välittämään, tee varjosi yön kaltaiseksi keskellä päivää, kätke karkoitetut, älä ilmaise pakenevia. Salli minun karkoitettujeni asua tykönäsi, ole Mooabille suojana hävittäjää vastaan. Sillä sortajalle tulee loppu, hävitys lakkaa, ja polkija on maasta poissa."

Mooabin maa viittaa Israelin itäpuolella olevaan Jordaniaan. Petra on arkeologinen paikka Jordanian lounasosassa. Se sijaitsee Hor-vuoren rinteessä Arabahin (Wadi Araba), Kuolleelta mereltä Aqaban lahteen ulottuvan laakson itäosan muodostavien vuorten keskellä sijaitsevalla tasangolla. Petra yhdistetään yleensä Selaan joka myös tarkoittaa kalliota, Raamatun jakeisiin 2. Kun. 14:7 sekä Jesaja 16:1.

Herran palattua ilmojen halki Hän tulee ottamaan vastaan kaikki pelastetuksi tulleet ihmiset ja nauttimaan heidän kanssaan seitsemänvuotisesta hääjuhlasta. Tämän jälkeen Hän tulee palaamaan heidän kanssaan maan päälle ja hallitsemaan maailmaa vuosituhannen ajan. Seitsemän vuoden ajan Herran toisesta tulemisesta ilmojen halki tempausta varten Hänen maan päälle palaamiseen saakka maa tulee olemaan suuren ahdistuksen vallassa. Suuren ahdistuksen jälkimmäisen puoliskon ajan – 1260 päivän ajan – Israelin kansa tulee piileskelemään Jumalan suunnitelman mukaan valmistellussa paikassa. Tämä piilopaikka tulee olemaan Petra (Ilmestyskirja 12:6-14).

Miksi juutalaiset tulevat sitten tarvitsemaan piilopaikkaa?

Jumalan valittua Israelin kansan valituksi kansakseen se on aina kokenut hyökkäyksiä ja se on ollut lukemattomien ei-juutalaisten rotujen vainoama. Syy tähän on se että Jumalaa aina vastustava paholainen on yrittänyt estää Israelia saamasta Jumalan siunauksia. Tämä sama tulee tapahtumaan maailman lopun hetkellä.

Paholainen tulee vainoamaan juutalaisia loppuun saakka estääkseen juutalaisia pitämästä kiinni uskostaan kun he ymmärtävät seitsemänvuotisen suuren ahdistuksen kautta että 2,000 vuotta sitten maahan saapunut Jeesus on heidän Messiaansa ja Pelastajansa ja alkavat katua syntejään.

Jumala tietää kaiken ja Hän on valmistanut turvapaikan valitulle kansalleen Israelille, ja tämän kautta Hän näyttää rakkautensa heille eikä Hän säästele rakkauttaan heitä kohtaan. Tämän rakkauden ja Jumalan suunnitelman mukaisesti juutalaiset tulevat astumaan Petraan paetakseen vainoajiaan.

Jeesus sanoi Matteuksen jakeessa 24:16: *"silloin ne, jotka Juudeassa ovat, paetkoot vuorelle."* Tämän mukaisesti juutalaiset voivat paeta seitsemänvuotista suurta ahdistusta vuorten piilopaikkaan ja pitää siellä kiinni uskostaan ja tulla pelastetuksi.

Kuoleman enkelin tappaessa kaikkia Egyptin esikoisia juutalaiset ottivat toisiinsa nopeasti ja salaa yhteyttä ja he välttivät tämän vitsauksen sivelemällä lampaan verta talojensa ovenpieliin.

Samalla tavalla juutalaiset ottavat toisiinsa nopeasti yhteyttä puhuakseen minne mennä, ja he lähtevät nopeasti piilopaikkaan ennenkuin antikristuksen hallitus alkaa pidättää heitä. He ovat tietoisia Petrasta sillä monet evankelistat ovat jatkuvasti saarnanneet tästä piilopaikasta ja jopa ne jotka eivät ole uskoneet muuttavat nyt mielensä ja hakeutuvat sinne.

Tämä piilopaikka ei ole tarpeeksi suuri kaikkia ihmisiä varten. Monet kahden todistajan ansiosta katuneet ihmiset eivät pysty piileksimään Petrassa ja pitämään kiinni uskostaan suuren ahdistuksen aikana, ja niin he kuolevat martyyrin kuoleman.

Jumalan rakkaus kahden todistajan ja Petran kautta

Rakkaat veljet ja sisaret, oletteko te menettäneet mahdollisuuden pelastua tempauksen kautta? Jos näin on, älkää epäröikö mennä Petraan, Jumalan armon antamaan viimeiseen pelastuksen mahdollisuuteen. Pian kauhistuttavat katastrofit saapuvat antikristuksen kautta. Teidän täytyy kätkeä itsenne Petraan ennen kuin viimeisen armon ovi sulkeutuu antikristuksen toiminnan tähden.

Oletteko te menettäneet mahdollisuuden mennä Petraan? Tällöin te voitte pelastua ja astua taivaaseen jos te ette kiellä Herraa ettekä ota pedon '666'-merkkiä vastaan. Teidän täytyy sietää kaikenlaisia vastenmielisiä kidutuksia ja kuolla martyyrin kuolema. Tämä ei ole helppoa, mutta teidän täytyy tehdä se voidaksenne välttyä ikuiselta piinalta tulisessa järvessä.

Minä toivon vilpittömästi että te ette kääntyisi pelastuksen tieltä vaan muistaisitte aina Jumalan vankkumattoman rakkauden ja sietäisitte kaiken urheasti. Samaan aikaan kun te kamppailette ja taistelette kaikenlaisia antikristuksen houkutuksia ja vainoja vastaan me uskonveljet ja –sisaret rukoilemme vilpittömästi teidän voittonne puolesta.

Meidän vilpitön tahtomme on että te ottaisitte Jeesuksen Kristuksen vastaan ennen kuin kaikki tämä tulee tapahtumaan ja tulisitte siten temmatuiksi taivaaseen meidän kanssamme ja että te astuisitte hääpitoihin Herramme kanssa Hänen palatessaan takaisin maailmaan. Me rukoilemme jatkuvasti rakkauden kyyleiden kera jotta Jumala muistaisi suurten esi-isienne uskonteot sekä liitot jotka Hän on heidän kanssaan solminut ja että Hän antaisi teille taas pelastuksen suuren armon.

Jumala on valmistanut kaksi todistajaa sekä Petran suuressa rakkaudessaan jotta te voisitte ottaa Jeesuksen Kristuksen vastaa Messiaana ja Pelastajana ja tulla siten pelastetuiksi. Minä kehotan teitä muistamaan periksiantamattoman Jumalan vankumattoman rakkauden ihmiskunnan historian viimeisiin hetkiin saakka.

Ennen kahden todistajan lähettämistä suuren ahdistuksen aikana Jumala on lähettänyt teille Jumalan miehen, ja Hän on sallinut hänen kertoa mitä maailman lopun hetkinä tulee tapahtumaan ja johdattaa teidät pelastuksen tielle. Jumala ei tahdo yhdenkään teistä jäävän keskelle seitsemänvuotista suurta ahdistusta. Hän tahtoo teidän tarttuvan viimeiseen pelastuksen mahdollisuuteen vaikka te olisittekin jäänyt maahan tempauksen jälkeen. Tämä on Jumalan suurta rakkautta.

Ei kestä kauan ennenkuin suuri seitsemänvuotinen ahdistus tulee alkamaan. Koko ihmiskunnan historian suurimman koettelemuksen aikana meidän Jumalamme tulee täyttämään Hänen teitä, Israelia, koskevan rakastavan suunnitelmansa. Ihmiskunnan historian historia tulee päättymään samalla kun Israelin historia täyttyy.

Kuvittele, että juutalaiset ymmärtäisivät Jumalan todellisen tahdon ja he ottaisivat Jeesuksen vastaan Pelastajakseen saman tien. Tällöin Jumala korjaisi mielellään Israelin Raamattuun kirjatun historian. Tämä johtuu siitä että Jumalan Israelia kohtaan tuntema rakkaus on suurempaa kuin mitä me voimme edes kuvitella.

Useat juutalaiset ovat kulkeneet, kulkevat ja tulevat kulkemaan omia teitään niin kauan kunnes he saavuttavat kriittisen hetken. Kaiken tulevaisuudessa tapahtuvan tietävä kaikkivaltias Jumala on asettanut viimeisen tilaisuuden pelastua ja Hän ohjaa teitä vankkumattomalla rakkaudella.

Katso, minä lähetän teille profeetta Elian, ennenkuin tulee Herran päivä, se suuri ja peljättävä. Ja hän on kääntävä jälleen isien sydämet lasten puoleen ja lasten sydämet heidän isiensä puoleen, etten minä tulisi ja löisi maata, vihkisi sitä tuhon omaksi (Malakia 4:5-6).

Minä annan kaiken kiitoksen ja kunnian Jumalalle joka ohjaa sekä valitun kansansa Israelin että kaikkien muiden kansakuntien ihmiset pelastuksen tielle rajattomalla rakkaudellaan.

Tekijä

Pastori Dr. Jaerock Lee

Dr. Jaerock Lee syntyi Muan'issa Jeonnam provinssissa, Korean Tasavallassa vuonna 1943. Kaksikymmenvuotiskautenaan Dr. Lee kärsi useista parantumattomista sairauksista seitsemän vuotta ja odotti kuolemaa ilman toivoa paranemisesta. Kuitenkin, eräänä kevätpäivänä 1974, hänen sisarensa vei hänet kirkkoon. Hänen polvistuessaan rukoilemaan elävä Jumala välittömästi paransi hänet kaikista hänen sairauksistaan.

Siitä hetkestä alkaen, jolloin Dr. Lee kohtasi elävän Jumalan tuon ihmeellisen kokemuksen kautta, hän on rakastanut Jumalaa koko sydämellään ja rehellisyydellään ja kutsuttiin vuonna 1978 Jumalan palvelijaksi. Hän rukoili kiihkeästi oppiakseen ymmärtämään Jumalan tahtoa ja saavutti sen täysin, sekä noudatti Jumalan kaikkia sanoja. Vuonna 1982 hän perusti Manmin kirkon Seoul'iin ja lukemattomia Herran töitä, mukaanlukien ihmeparantumisia ja ihmeitä, on tapahtunut hänen kirkossaan.

Vuonna 1986 Dr. Lee vihittiin papiksi Jeesuksen Sungkyal kirkon vuosikokouksessa Koreassa ja neljä vuotta myöhemmin hänen saarnojansa alettiin lähettää Australiaan, USAhan, Venäjälle, Filippiineille, ja muualle Far East Broadcasting Company'n, Asia Broadcast Station'in ja Washington Christian Radio System'in kautta.

Kolme vuotta myöhemmin 1993 Manmin Central Church valittiin yhdeksi "Maailman 50 parhaaksi kirkoksi" Christian World lehden (Amerikka) toimesta ja hän vastaanotti jumaluusopin kunniatohtorin arvon Christian Faith College'sta, Florida'ssa, USA'ssa, ja vuonna 1996 tohtorinarvon pappeudessa Kingsway Theological Seminary'sta, Iowa'ssa, USA'ssa.

Vuodesta 1993 Dr. Lee on johtanut maailmanlähetystä monilla ulkomaan ristiretkillä, Tansaniassa, Argentiinassa, Ugandassa, Japanissa, Pakistanissa, Keniassa, Filippiineillä, Hondurasissa, Intiassa, Venäjällä, Saksassa, Perussa, Kongon Demokraattisesa Tasavallassa, ja New Yorkissa Amerikassa. Vuonna 2002 hänet nimitettiin "maailmanlaajuiseksi pastoriksi" Korean johtavien kristillisten lehtien toimesta hänen ulkomaisilla ristiretkillä tekemänsä työn johdosta.

Toukokuu 2013 Manmin Central Church seurakunnassa oli yli 120.000 jäsentä ja 10.000 kotimaista ja ulkomaista sivukirkkoa ympäri maapalloa. Kirkko on tähän mennessä lähettänyt yli 129 lähettilästä 23 maahan, mukaanlukien Yhdysvallat, Venäjä, Saksa, Kanada, Japani, Kiina, Ranska, Intia, Kenia, ja monta muuta maata.

Tähän päivään mennessä Dr. Lee on kirjoittanut 84 kirjaa, mukaan lukien bestsellerit *Ikuisen Elämän Maistaminen Ennen Kuolemaa*, *Minun Elämäni, Minun Uskoni I & II, Ristin Sanoma, Uskon Mitta, Henki Sielu ja Ruumis, Taivas I & II, Helvetti* sekä *Jumalan Voima*. Hänen teoksiaan on käännetty yli 75 kielelle.

Dr. Lee on nykyisin perustaja ja presidentti lukuisissa lähetysorganisaatioissa ja yhdistyksissä. Hän on puheenjohtaja, The United Holiness Church of Jesus Christ; presidentti, Manmin World Mission; perustaja & johtokunnan puheenjohtaja, Global Christian Network (GCN); perustaja & johtokunnan puheenjohtaja, The World Christian Doctors Network (WCDN); ja perustaja & johtokunnan puheenjohtaja, Manmin International Seminary (MIS).

Taivas I & II

Yksityiskohtainen kuvaus siitä ihmeellisestä elinympäristöstä josta taivaalliset kansalaiset saavat nauttia sekä taivaallisen kuningaskunnan eri tasoista.

Minun Elämäni, Minun Uskoni I & II

Uskomaton hengellisyyden aromi elämästä joka puhkesi vertaistaan vailla olevaan rakkauteen Jumalaa kohtaan tummien aaltojen, kylmien ikeiden ja syvän epätoivon keskellä.

Ristin Sanoma

Voimallinen herätysviesti kaikille niille jotka ovat hengellisesti nukuksissa. Tästä kirjasta sinä löydät Jumalan todellisen rakkauden ja syyn siihen että Jeesus on Pelastaja.

Uskon Mitta

Minkälainen asuinsija sinulle on valmistettu taivaaseen ja minkälaiset palkkiot odottavat sinua siellä? Tämä kirja antaa sinulle viisautta ja ohjeistusta jotta sinä voisit mitata uskosi määrän ja kasvattaa uskostasi syvemmän ja kypsemmän.

Helvetti

Vilpitön viesti koko ihmiskunnalle Jumalalta, joka ei tahdo yhdenkään sielun joutuvan helvetin syvyyksiin! Sinä löydät koskaan aikaisemmin paljastamattoman kuvauksen Helvetin julmasta todellisuudesta.